N'oublie pas d'être heureux

Appel à résister
contre une époque frileuse

DU MÊME AUTEUR

J'en ai marre d'être juif, j'ai envie d'arrêter, le cherche midi, 2008.

Philippe Lellouche

N'oublie pas d'être heureux

Appel à résister
contre une époque frileuse

Robert Laffont

ISBN 978-2-221-25513-1
Dépôt légal : octobre 2021
Éditions Robert Laffont – 92, avenue de France 75013 Paris

À « Bliss », ma femme, qui fait du bonheur
une routine et du merveilleux un quotidien.

À ma mère « Isabelle » pour qui le soleil se lève.

À mes enfants : Sam, Solal, Sharlie, Maddie,
les princes et les princesses de ma vie.

À mon père, ma seule vraie référence.

À mon frère.

Prologue

La guerre au bonheur

2020. L'humanité et moi traversons une période inédite, celle d'une guerre lasse contre un virus.

Un confinement de mars à juin – le premier – où, hébétés, du jour au lendemain on se retrouve à vivre seuls, pour les moins chanceux, ou cloîtrés en famille, chez soi.

Pour tous une retraite prématurée, une convalescence avant la maladie, des vacances aussi inattendues que forcées, qui sonnent comme une assignation à résidence, où toute sortie est dangereuse et délictuelle.

Il y a de la peur chez chacun, alimentée par la grand-messe de 19 heures, qu'on suit fidèlement et craintivement, comme des bénédictins aux complies. On monte le son pour écouter un sinistre spectacle télévisuel où l'on découvre des visages jusqu'alors inconnus, ceux d'un ministre qui zozote et d'un responsable de la Santé en France, qui, lui, fait des essais plus ou moins quotidiens et plus ou moins réussis de rasage de près, de barbe naissante ou de bouc, les deux pour nous livrer les scores épouvantables : des malades, des hospitalisations et des morts partout en Europe et dans le monde. Un genre d'Eurovision du macabre. On en vient à regretter la prestation et les scores de Bilal Hassani.

Et pourtant, en cette période, chez beaucoup de gens – dont je fais partie, j'en conviens facilement –, dont l'espace de vie était plus ou moins adapté et qui ont échappé à la précarité, un sentiment étrange s'est peu à peu, timidement, imposé. Comme le disait si bien Shakespeare : « Ce qui ne peut être évité, il faut l'embrasser. » Une résignation douce, une résilience, est montée.

Tout le monde étant logé à la même enseigne – ce qui ne sera pas le cas lors du deuxième confinement et changera largement la donne –, chacun s'inventa des petits bonheurs quotidiens dans l'attente de jours meilleurs. Naquirent des apéros en visioconférence et des artistes tantôt généreux, tantôt un poil opportunistes, qui firent profiter gratuitement de leurs talents grâce aux réseaux sociaux (enfin positifs). D'autres se virent adorer cuisiner, largement aidés par la télévision, qui, elle-même, fit des audiences dignes des années 1980 sans pour autant gagner d'argent. Enfin, mille petites astuces pour ne pas désespérer furent trouvées et la France applaudit le personnel soignant chaque soir.

Les plus naïfs ou les plus poètes – dont, là encore, j'ai fait partie – se mirent même à rêver d'un « après » qui retrouverait les fondamentaux de l'humanité. Bon, on a vite déchanté. Mais vous savez tout cela.

*

Personnellement, moi qui suis auteur de théâtre, j'aurais pu profiter de la période pour écrire une nouvelle pièce. Pas du tout, aucune envie.

J'aurais aussi pu lire ou relire les œuvres de Proust, de Chateaubriand, ou d'Albert Cohen, qui sont mes idoles. Non, pas envie.

Alors quoi ? Était-ce ma fainéantise abyssale, mais contrariée depuis quelques années, qui me poussait à ne rien faire ? ou ma joie d'être enfin disponible pour ma femme et mes enfants ? Pourquoi, au lieu de travailler et tenter de gagner de l'argent, ai-je préféré rater des makrouds (gâteau oriental à base de semoule et de miel frits) et pourrir la cuisine pour recommencer le lendemain, et me faire engueuler de surcroît ?

Pourquoi ne pas avoir fait comme tous les auteurs de France et tenté d'écrire une série pour Netflix afin de devenir à la fois millionnaire et international ?

Ben non. J'ai préféré en regarder quelques-unes, vautré dans le canapé, et ce en toute bonne conscience, sans la crainte du réveil du lendemain, en dégustant mes makrouds ratés, auxquels j'étais le seul à trouver des qualités.

Vous imaginez que je n'ai pas fait l'économie de ces questions.

La réponse, la vraie – tentons la bonne foi –, est la suivante : j'avais peur que mon écriture soit teintée de la période dans laquelle nous vivions. Je n'étais pas sûr de vouloir une trace de cette parenthèse désenchantée. Du recul s'imposait pour découvrir ce dont j'avais vraiment envie de parler.

Une pièce de théâtre, pour moi, est l'expression d'un phénomène qui me tourmente, d'un sujet qui contrarie ma tranquillité intellectuelle, ou me chagrine. Une fois le thème trouvé, je prends le sujet à bras-le-corps, je le torture jusqu'à ce qu'il me fasse rire, jusqu'à l'écrire et ensuite, sur scène, à partager ce rire avec le public. D'ailleurs, un jour j'écrirai sûrement sur les vertus incommensurables du rire et sur son utilité à tous les étages, mais j'y reviendrai plus tard.

*

Et puis, après un été presque normal, une rentrée presque normale, nous avons à nouveau été « en guerre » contre LA Covid.

Et là, une pensée m'est venue. Il faudra un jour se pencher sur le cas du crétin qui a imposé le « la » en lieu et place de ce « le » qui vient naturellement devant le mot « Covid ».

Je ne peux m'empêcher d'entrevoir l'académicien qui, à un moment, a pris la parole devant l'assemblée des Immortels et s'est insurgé contre le « le ». Je l'imagine, ce soir-là, de retour chez lui, exulter de sa victoire en racontant à sa femme son exploit de l'après-midi. Et conclure en disant : « Tu verras chérie, demain c'est fini le "le", ils vont moins la ramener… » Son épouse, pauvre femme qui a dû feindre du mieux qu'elle pouvait son admiration pour ce vainqueur de mari, ne dit rien. Et se souvient du jeune homme dont elle est tombée amoureuse, empreint de si nobles ambitions et de grandes victoires littéraires, avec nostalgie. Car tout cela, hélas, c'était bien avant de le voir finir sa vie en garde d'un dictionnaire, boudiné dans un uniforme de torero avec à la main une épée de pacotille.

*

Mais revenons à ce qui nous occupe : le deuxième confinement.

Nous voilà à nouveau dans une période épouvantable, où, cette fois-ci, nous ne trouvons ni réconfort, ni bien-être, ni vertus.

Le tragique ne touche pas seulement les malades du virus, un autre fléau – moins brutal, moins violent, moins choquant, beaucoup plus discret, mais terriblement préoccupant – attaque le moral, la bonne humeur. Ce confinement-là a fait la guerre au bonheur.

Je conseillerais volontiers aux politiques, aux complotistes et aux chroniqueurs – dont c'est le métier – de laisser l'histoire nous dire, plus tard, si les gouvernants ont pris ou non les bonnes décisions quant à la façon de gérer cette crise sanitaire inédite. Et force a été de constater que, à quelques exceptions près, partout dans le monde ils ont agi de même. Le sujet n'est pas là. Il est dans le mal intime, pernicieux, que nous avons tous ressenti. Dans le bien-être écorné, la joie oubliée, le plaisir terni, l'enchantement banni.

Avec une bonne dose d'inconscience, de mégalomanie, de chance et un peu de courage aussi, j'ai consacré ma vie à essayer de distraire les gens. Et je souhaite de tout cœur que cela dure longtemps. Le plus beau compliment qui puisse nous être fait, à nous artistes – et j'ai eu la chance que cela m'arrive quelquefois –, c'est de voir des gens nous attendre à la sortie du théâtre et nous dire : « Vos places de théâtre devraient être remboursées par la Sécurité sociale, tant vous nous avez fait du bien. » Là est notre plus belle récompense. Sans grandiloquence, oserai-je parler de « mission » ? Peut-être. En mon intime conviction, je pense même qu'on en a tous une. En tout cas, celle-là me va bien.

Alors, à l'heure où je commence ce livre, tandis que les théâtres, les cinémas et les salles de concert sont fermés, j'ai pensé que puisqu'un médecin peut publier des conseils de bien-être ou de « bien-manger », je pourrais, à mon tour, essayer de partager les miens. Objectif : aller bien.

*

Je dois reconnaître que parler du bonheur et de la joie de vivre en cette période étrange pourrait être assimilé à un outrage. Mais je repense souvent à ma grand-mère Madeleine – paix à son âme –, qui « roulait les *r* » comme tous les Bretons de son époque, qui avait connu la guerre et son lot d'incommensurables douleurs. Elle partageait, en vrac, ses souvenirs avec moi quand j'étais petit. Et l'un d'eux me revient souvent en mémoire : nous étions en voiture et Charles Trenet passait à la radio. Soudain, elle s'est mise à fredonner l'air. J'adorais l'entendre chantonner. J'ai toujours aimé entendre les « vieux » pousser la ritournelle, comme un réveil de leur jeunesse endormie. Quand on entonne, on a tous le même âge.

Mamie Madeleine et la radio chantaient donc « Y'a d'la joie ». Elle s'est tournée vers moi et m'a raconté que lorsque Trenet écrivit la chanson (en 1936), la période était propice à l'insouciance (les premiers congés payés et le Front populaire), avant d'ajouter que ce succès fut surtout et largement diffusé sur les ondes durant la Seconde Guerre mondiale. Dans cette période cauchemardesque, à l'instant où la France était effrayée et meurtrie par la cadence des bottes noires qui résonnaient dans toutes les rues, qu'on ait pu entendre « Y'a d'la joie » me souffle et m'émeut.

En souriant, elle finit par me dire qu'après avoir été en colère sur le premier refrain, elle s'était mise à le reprendre sur le deuxième.

Ma mamie, contrainte d'arrêter l'école à 11 ans après le certificat d'études pour travailler aux champs et aider sa famille, avait compris, avec toute la sagesse des gens simples, que la joie chantée par Trenet était salvatrice et indispensable.

*

Tandis que j'écris ces lignes, je vous laisse imaginer la résonance d'un tel souvenir. À notre époque, où la « guerre » que nous menons est différente et sans doute bien moins effrayante que celles connues par l'humanité dans le précédent siècle, je me demande pourquoi on a cru bon de brimer la culture. Pourquoi, à cause de cette « guerre », a-t-on jugé l'industrie du divertissement non essentielle ?

Eh bien soit : faisons contre mauvaise fortune bon cœur. Et n'attendons pas de ceux que nous avons démocratiquement élus qu'ils nous montrent le chemin du bonheur. Ce n'est pas de leur ressort. J'irai même plus loin : ce n'est du ressort de personne. Sinon de vous-même.

Première partie

L'état des lieux

1

Protégés et heureux de l'être

Je suis sidéré de constater combien les Français que nous sommes, épris de liberté au point d'en être la référence pour les autres pays du monde, sont, depuis plusieurs années maintenant, devenus si craintifs.

Et exaspéré d'avoir l'impression que la France est devenue une gigantesque pouponnière.

Nous, peuple de révolutionnaires, nous attendons les lois, les jurisprudences, les aides, comme des enfants attendent de leur père – c'est souvent lui – qu'il leur apprenne à marcher ou à faire du vélo.

Le Français ne jure plus que par l'État-providence.

J'adorerais penser que c'est la faute de tel ou tel gouvernement, mais, malheureusement, c'est nous et nous seuls qui sommes en demande d'un parcours fléché. Et, par conséquent, les gouvernants qui, depuis la fin des années 1980, sont réduits à ne plus être des faiseurs de grande nation, mais des petits législateurs, des CPE (conseillers principaux d'éducation) contraints en permanence de légiférer pour un semblant d'harmonie collective.

Comment en sommes-nous arrivés là ?

Je pourrais énumérer la somme des petits renoncements, qui ont, à mon sens et au fil des ans, amené à faire prospérer ce sentiment indigeste – heureusement pas tout à fait objectif – selon lequel tout est, aujourd'hui, interdit. Ou, en tout cas très, trop, encadré. Ce n'est pas le sujet de ce livre, mais quand même : attardons-nous quelques lignes sur ce phénomène, sur cette dérive.

2

La victoire du frileux

Voilà quelques années, déjà agacé par ce dérapage, j'ai écrit une pièce de théâtre intitulée *Boire, fumer et conduire vite...* Avec un titre aussi éloquent, inutile de vous raconter la jubilation que nous prenions, la troupe et moi, à nous moquer des interdits. Mais c'était il y a plus de dix ans et je n'imaginais pas à quel point ces contraintes allaient empirer avec les années.

Nous avons tellement aimé les Américains – moi le premier – qu'après les avoir bénis de nous avoir libérés (ce qui était un mérite que nous aurions dû rendre à Churchill), nous avons adulé en bloc tout ce qui venait d'eux, en tentant de leur ressembler à tous les étages.

Seulement voilà, il y a fort longtemps que les nobles cow-boys du Far West se sont transformés en beaufs incultes capables de chercher désespérément des cafés un peu trop chauds pour gagner des millions de dollars en assignant McDo en justice. Et nous, nous n'avons pas vu cette « évolution ». Pire, nous sommes arrivés au même point.

Résumons en effet notre période actuelle en reconnaissant l'écrasante victoire, par K.-O., des prudents. Pour ne pas dire des « frileux ».

Revanche sur les soixante-huitards, les hippies, les punks et les rockers, ils ont gagné toutes les batailles. Au nom du bien-fondé d'un désir altruiste, celui de nous éviter de mourir.

Certains consacrent leur vie – et comment ne pas les en remercier – à faire en sorte qu'aucun risque ne soit pris, à empêcher que l'individu interfère avec la date de départ prévue au calendrier divin. Avec ces syndicalistes de la vie saine et sécurisée, on est passé du « De quoi je me mêle ? » à la supplication d'en faire plus.

Tant mieux ? Non, tant pis pour nous !

« Ne pas mourir est une chose, vivre en est une autre », écrivait le philosophe Gustave Thibon. Qui ajoutait avec prescience : « Nous entrons dans une ère où l'homme cultive et multiplie tous les moyens de ne pas mourir (médecine, confort, assurances, distractions) – tout ce qui permet d'étirer ou de supporter l'existence dans le temps, mais non pas de vivre.

« Nous voyons poindre l'aurore douteuse et bâtarde d'une civilisation où le souci stérilisant d'échapper à la mort conduira les hommes à l'oubli de la vie. »

N'y sommes-nous pas déjà ?

3

Le pacte bonheur est périmé

Puisque tel est désormais le fonctionnement de notre société, il nous faut bien l'accepter. Mais la résilience ne doit pas se confondre avec le renoncement.

Alors, à défaut d'être, pour le moment, des révolutionnaires, contentons-nous d'être les artisans de notre propre bonheur.

*

Réfléchissons : qui nous a promis une vie heureuse ? Personne. Au mieux nos plus proches et les plus bienveillants de notre entourage nous le souhaitent, mais ne nous le garantissent en rien. Ils conseillent en fonction de leur propre existence, de leurs expériences comme de leurs réflexions, car que pourraient-ils faire de plus, eux qui se débattent déjà avec leur problématique personnelle du bonheur ?

Chacun considère – inconsciemment – que, dès sa naissance, il est venu au monde avec une sorte de « bouquet de bienvenue » – du genre de ceux offerts chez Orange, Free ou SFR –, un pack « Vie/Santé/Bonheur » donné dans l'enfance, et grâce auquel on savoure – ou, au contraire, trinque – toute la vie.

Je pense que c'est vrai. On l'a, ce pack. L'ennui, c'est qu'avec le temps on oublie d'en renouveler l'abonnement. Par sagesse. Or « la sagesse est voisine du tombeau », selon Chateaubriand.

Sauf tristes et abominables exceptions liées à la santé, chez tous les enfants du monde, d'où qu'ils viennent et quelles que soient leurs conditions de vie, le bonheur est un acquis. Tous les mômes prennent la vie comme un cadeau, l'arpentent avec pour seule préoccupation de savoir à quoi ils joueront sur un tel terrain de jeu, terrain qui semble s'étirer à l'infini. Et puis le monde adulte va intervenir en les prévenant bien vite, à grand renfort de menaces, que l'avenir doit se préparer. Et là, les désillusions pointent leur nez, la légèreté s'alourdit, les ennuis commencent.

4

La profession, le métier, le boulot, le job, le taf

La seule question qui vaille, au début d'une interrogation sur le bonheur, est la suivante : « Peut-on être heureux si on a l'impression de subir sa vie, de suivre un chemin tracé par d'autres que soi ? »

*

Si on entame une telle quête, comment échapper à un début d'introspection, à un exercice de sincérité sur ce qui nous occupe le plus dans l'existence et semble nous définir ?

Une des premières questions posées à quelqu'un que l'on ne connaît pas, c'est : « Que faites-vous dans la vie ? » Et la réponse s'avère monstrueusement capitale tant c'est par elle que nous allons commencer à l'« apprécier »

– ou non –, au sens littéral du terme. Impressionnés ou déçus par ce que l'interrogé fait pour gagner sa croûte, nos premiers pas vers la connaissance de l'autre vont être, *de facto*, un peu faussés. Parce que nous avons des idées préconçues, parce que nous jugeons tous, consciemment ou pas, cette donnée comme déterminante de ce qu'il est intrinsèquement. Le métier de mon prochain serait donc un genre de code génétique décryptable par tous ?

Bien sûr, après réflexion on se sent merdeux de se laisser porter par de tels clichés. Mais le pire est à venir : car ce regard biaisé, on se l'applique aussi à soi-même.

Comme on sait comment l'humain fonctionne, on prend de l'avance sur le jugement d'autrui et on se regarde avec ce prisme. Résultat, on s'apprécie ou se déprécie avant l'autre. Puisqu'on sait ce qu'on fait dans la vie, on croit savoir ce que l'autre pense ou va penser.

En somme, c'est partir du mauvais pied que de se construire en fonction de l'autre, n'est-ce pas ?

Or cela dure depuis des générations, puisque nos parents, eux-mêmes victimes de cet héritage social, nous l'ont transmis. Et que nous faisons de même avec nos enfants.

Alors quoi ?

Alors posons-nous la question de savoir si seule une profession peut porter toutes les qualités humaines qui font la valeur de l'homme ?

*

Rassurez-vous, je ne suis pas en train de vous emmener dans une construction politique ou sectaire néocommuniste, qui renierait la réussite sociale, tout en la jugeant injuste.

Car j'adore la réussite, même quand elle est ostentatoire. Elle me fait marrer, à condition qu'elle ne soit pas utilisée comme une arme d'humiliation.

À Sainte-Maxime, dans le Var, où j'ai la chance d'avoir une maison dans laquelle je passe mes étés, mon électricien me racontait qu'un Anglais qui possède une villa à Saint-Tropez l'avait un jour fait venir pour lui demander de trouver une télé de 6 mètres par 6 mètres capable d'entrer et de sortir de sa piscine. L'objectif : regarder le foot le cul dans l'eau. J'adore ce genre de barjo qui, de surcroît, sert l'économie locale.

Mais là où nous l'aimons le mieux, la réussite, tous autant que nous sommes, ce n'est pas forcément quand elle rend riche ou célèbre (ce qui, souvent, va de pair), mais quand elle semble harmonieuse, en osmose avec celui ou celle qui l'a créée ou obtenue.

Un accord de l'ordre du ressenti, de l'invisible, de l'indicible même, que chacun éprouve.

Nous préférons mère Teresa à Benoît XVI, Obama à Trump, Elon Musk à Carlos Ghosn et, même avec des opinions politiques divergentes, de Gaulle à tous les présidents de la Ve République. Pourquoi ? Rien à voir avec le délit de sale gueule – même si, j'en conviens, mes trois premiers exemples ne sont pas bien choisis –, non, c'est plus profond.

Bien qu'aucun article scientifique, à ma connaissance, n'étaiera ce qui suit, je suis persuadé que la réussite est une clé du bonheur. À condition qu'elle soit en harmonie avec un profond et véritable désir intérieur, qui n'a rien, mais absolument rien à voir avec l'argent.

L'expression « L'argent ne fait pas le bonheur » m'énerve presque un peu moins que le crétin que nous connaissons tous qui croit spirituel d'ajouter : « Mais il y contribue largement. » Évidemment que les deux sont faux ! Si on manque de pognon, la vie peut vite devenir très chiante. Mais je connais aussi beaucoup trop de gens friqués qui s'emmerdent, ce qui me permet d'écrire que le fric ne fait pas tout non plus, ce que vous savez aussi bien que moi.

En fait, si la récompense qu'est l'argent devient un Graal, alors on va à la catastrophe.

Il y a dans la Torah un magnifique conseil : « Souviens-toi que l'argent doit être ton esclave et non pas ton maître. » (Entre nous, un extrait du livre sacré des juifs qui met en garde contre l'argent valait le coup d'être signalé, n'est-ce pas ? Je précise d'emblée que c'est, aussi, ça l'humour juif !)

Plus sérieusement et afin de conclure, je n'ai pas trouvé mieux que les mots d'Arthur Schopenhauer pour montrer que bonheur et réussite financière ne doivent pas être confondus : « L'argent est la représentation abstraite du bonheur humain ; c'est pourquoi celui qui n'est plus capable d'en jouir concrètement lui reste entièrement attaché. »

*

Moi qui n'ai aucune sagesse face à la mort – elle me terrifie –, je sais bien, comme nous tous, qu'elle est la destination finale. Qu'il y a bien une ligne de départ et une autre d'arrivée. Une arrivée toujours triste puisque sans podium ni médailles, que tout le monde trouve prématurée, quel que soit l'âge du participant. Un franchissement qui ne se fait ni dans la joie ni dans les applaudissements, mais s'abîme dans les larmes et les regrets.

Personne n'a envie d'arriver le premier, donc nul besoin de raccourci. Il n'y a, par conséquent, aucun intérêt à faire la course en tête.

Comme le disait Jack London : « Ce n'est pas la destination qui compte, mais le voyage. »

Et dans ce voyage qu'est la vie, comme dans tous les voyages d'ailleurs, il n'existe pas, Dieu merci, un chemin unique. Mais des milliards de possibilités de trajectoires. Et c'est là le dramatique comme le merveilleux. Comment choisir ? Et si vite, puisqu'à 14-15 ans on le demande déjà. À l'adolescence, alors que si on presse le nez il en sort encore du lait, il faut déjà décider la route à emprunter au milieu de l'immense « champ des possibles » qu'est l'existence, voie propre à chacun. Terrible injonction.

Nul ne connaît sa position dans l'espace-temps. À 18 ans, on est jeune – en théorie, sauf si l'on meurt à vingt-cinq –, *de facto* on l'est à cinquante si l'on décède à quatre-vingt-dix.

Alors y a-t-il un moment propice à la décision ? Me blesse terriblement d'entendre le « Maintenant, c'est trop tard » dans la bouche d'un homme ou d'une femme qui a enfin compris ce qu'il voudrait ou avait voulu être, et qui se résigne parce qu'il prend le temps pour un ennemi. Alors que le temps, que nous jugeons cruel sous prétexte qu'il passe, nous souffle, quand nous prenons le soin de l'écouter, d'aller un peu plus vers ce qu'on décide. Comprendre que chaque seconde d'existence supplémentaire est un cadeau, une chance supplémentaire d'aller où l'on a envie d'aller, est essentiel.

Il ne faut JAMAIS refuser l'aventure. Surtout celle-là.

Nous avons tous aimé, enfants, les chasses au trésor ou aux œufs de Pâques. Eh bien considérons-les comme un entraînement pour se lancer dans la seule quête qui vaille, infiniment plus enthousiasmante, celle pour laquelle nous sommes nés et dont le trésor à trouver fera de chacun la personne la plus riche du monde : soi.

Le bonheur, c'est se jeter dans l'aventure de sa propre vie. Se chercher pour *se* trouver.

Bien sûr que nous ne sommes pas égaux, une fois de plus, face à l'impérieuse nécessité de savoir ce pour quoi nous sommes faits. Certains ont une révélation presque innée, quasi immédiate. C'est évidemment une chance, même si d'autres objecteront que leur vécu aura peut-être été moins enrichissant que celui qui a pris des chemins détournés. De fait, on en revient à l'importance du voyage plutôt que de la destination. Quant à ceux qui mettent plus de temps, sans doute auront-ils le bénéfice d'un peu plus de conscience, une fois atteint ce qu'ils voulaient, du bonheur d'être enfin soi-même.

*

Les croyants, parce qu'ils considèrent que Dieu nous a donné la vie, ont un avantage en la matière. Comme Il l'a fait ni par vice ni par malice mais parce qu'Il l'estime être le cadeau ultime, celle-ci, à leurs yeux, s'avère une bénédiction. Aussi, pourquoi l'accorderait-Il à chacun, sinon pour nous rendre heureux ?

Ce qui est vachement bien foutu quand on y pense. Si, en même temps que la vie, nous était livré le mode d'emploi, on mourrait d'ennui. Le plus beau des cadeaux reste donc le libre arbitre, le choix de chercher ce qui va nous rendre le plus épanoui, ce pour quoi on est fait, la raison de notre présence sur cette Terre (laquelle, Dieu merci, est différente selon les individus). Bref, la liberté.

Il me semble donc que la moindre des politesses serait de remercier Dieu en faisant notre possible pour ne pas abîmer, gâcher son merveilleux cadeau. Dès lors, je ne comprendrai jamais les religieux, quels qu'ils soient et quelle que soit leur obédience, qui voient en l'Être suprême un « père Fouettard ».

Revenez, s'il vous plaît, à l'évidence : Dieu est défini partout comme le père de l'amour. Et l'amour n'existe que dans la volonté d'« aider l'autre à devenir davantage lui-même », ainsi que le disait Bergson. Je crois en un Dieu qui danse quand on fait la fête, qui rit quand on s'amuse, qui embrasse quand on s'étreint, qui pleure quand on souffre.

*

Pour les non-croyants, ça me paraît encore plus simple. Il suffit de faire un pari très proche de celui de Pascal : si nous n'avons qu'une vie – fruit d'une rencontre circonstancielle en *speed dating* entre un spermatozoïde et un ovule –, dont, par essence, nous ignorons la durée, pourquoi ne pas en profiter ? Pourquoi subir plutôt que décider ?

Une fin sans lendemain devrait, dès lors, inciter à une unique recherche, celle de la plénitude !

*

L'image la plus frappante serait de visualiser la vie sur une seule journée, comme la chanson d'Obispo « Si on devait mourir demain ».

Que ferait-on d'une telle journée ? Celui qui me répond qu'il irait faire la sieste n'est pas l'humain avec lequel je vais avoir envie de passer mes vacances, croyez-moi.

Alors, toujours en réduisant la vie à vingt-quatre heures, si nous devions choisir un travail obligatoire, lequel adopterions-nous ? Garderiez-vous celui qui vous occupe en lisant ces lignes (c'est tout le mal que je vous souhaite) ? Mais si, instinctivement, vous en avez choisi un autre, qu'attendez-vous pour vous en rendre compte, essayer d'y arriver, tenter de faire autre chose de l'existence ?

*

Ne vous méprenez pas : je ne me pose pas en donneur de leçons… et veux encore moins en donner l'impression.

Twitter et tous les réseaux sociaux m'ont appris, aujourd'hui, à devancer les réactions haineuses face à une réflexion se voulant bienveillante – et à m'en méfier. Aussi je me dois, et je me sens obligé, de préciser ici que je ne parle pas en acteur privilégié qui ne connaît aucun problème de fin de mois et méprise la condition ouvrière. D'abord parce que le mépris n'est pas dans mon ADN. Ensuite, et surtout, parce que je suis le résultat d'une rencontre entre un juif d'Algérie qui a grandi dans la rue sous le regard d'un père modeste qui nourrissait les siens en travaillant durement, et d'une mère qui a quitté la Bretagne à l'âge de 9 ans avec son frère et sa mère, qui n'avait d'autre choix que de faire des ménages à Paris pour subvenir aux besoins de ses enfants !

Enfin, toute ma vie j'ai connu, et probablement j'aurai, des problèmes de fin de mois ! D'abord parce que, jusqu'à 35 ans, le métier que j'avais choisi ne me faisait pas gagner assez d'argent. Ensuite, depuis, parce que je ne sais pas compter ! Enfin, beaucoup, parce que je m'en fous comme de l'an 40 ! Je dépense souvent l'argent avant même qu'il me soit parvenu.

Alors certes, j'ai la chance, désormais, d'en gagner plus que convenablement, mais ça ne fait de moi ni un riche ni un nanti… puisque je le dépense bêtement.

Par ailleurs, les riches et les nantis n'ont jamais, pour moi, été des bêtes à abattre, bien au contraire.

À défaut, pour certains, d'être des modèles, il me semble que nous aurions bien des leçons à prendre de cette catégorie, de ces personnes qui, elles, ont le talent, quand c'est le fruit de leur travail, de ne pas avoir… des problèmes de fin de mois.

5

Refuser l'extrême en osant la nuance

Puisque j'aborde, en filigrane, l'éternel clivage entre les riches (et leurs partisans) et les autres, je ne peux m'empêcher d'aller un peu plus en profondeur sur la question des différends qui, en France, divisent opinions et gens.

Le clivage, un empêcheur de tourner en rond, un caillou dans la godasse de l'harmonie sociale, un farouche ennemi du bonheur collectif. Dont le poison se répand partout à une vitesse fulgurante et renforce son pouvoir de nuisance.

Nous sommes dans une ère où le clivage se colle en adjectif derrière un nom de famille. S'il est cauchemardesque pour l'immense majorité des artistes d'être « clivants », au point que beaucoup en viennent à éviter les interviews de peur d'émettre une phrase malheureuse qui, sortie de son contexte ou mal exprimée, sonnera la fin d'une carrière, c'est au contraire, dorénavant – et je le déplore –, la qualité essentielle, le talent recherché pour les plateaux de télévision ou les studios de radio. Cliver, créer pour cela – parfois malgré soi – un clash en disant ce qu'on pense, est réclamé par les médias parce que vu comme un aspirateur à « Like » des réseaux sociaux. Certains s'en sont fait une spécialité, pas forcément à leur avantage. Or me peine, chez ces nouvelles stars des médias qu'il est inutile de citer puisque que vous avez forcément leurs noms en tête, non leurs idées – elles sont nombreuses et différentes, donc il y aurait forcément quelque chose à en tirer – mais leurs façons de les exprimer.

Car avec eux, à cause d'eux, la prédication exclut toute forme de débat.

*

Or que c'est enrichissant le débat ! Il me semble en fait que le vrai courage n'est pas de défendre des opinions, mais de pouvoir en changer. Ce qui est impossible à une époque où l'on préfère l'idée toute faite – simpliste, à laquelle on doit s'accrocher coûte que coûte – à la nuance et l'évolution, l'invective à la question. Toute forme de pédagogie est proscrite. Mieux vaut, sur un plateau ou les réseaux, gagner par K.-O. en n'écoutant pas l'autre, en ne le laissant pas s'exprimer. L'important ? Marteler son opinion à grand renfort de logorrhée quitte à ce qu'elle devienne inaudible. Faire taire l'autre, voilà la gagne moderne.

Aujourd'hui, ces imprécateurs, sourds à la contradiction et/ou fermés à l'échange, ne veulent plus être compris, mais être entendus, reconnus. À quoi bon réfléchir, échanger, quand on est sûr de détenir la vérité ?

Rassembler, réconcilier, verbes qui devraient être les priorités d'un leader d'opinion, sont aujourd'hui accessoires. On préférera attirer des partisans, ou plutôt des *followers*, terme dont la traduction, vous en conviendrez, n'a rien de flatteur.

Mais comment peut-on se passer de cette jouissance fondamentale qu'est l'exercice de convaincre ? Convaincre en douceur, avec intelligence, dans l'écoute de l'autre, n'est-ce pas aussi le meilleur moyen de vérifier la force de ses propres arguments et s'assurer, en conséquence, que ceux que nous avançons sont les bons ?

Le débat, quel qu'il soit, devrait être considéré par ses participants comme un autotest, une remise en question de sa propre pensée. Je suis convaincu qu'un politique, par exemple, qui aurait le courage de dire à la télévision à son adversaire « Sur ce point vous avez raison, je vais réviser ma position » ne perdrait pas de points dans les sondages et remporterait peut-être les élections à venir.

*

Et si Malraux s'était gouré ?

Car le XXIe siècle n'est pas spirituel, comme il l'a prédit en l'annonçant même religieux, mais stupidement polémique.

Si le ridicule clivage devenu la norme, celui qui consiste à attaquer l'autre sur tous les sujets possibles, se réduisait au seul terrain politique, nous pourrions (éventuellement) nous en amuser. Malheureusement, les réseaux sociaux, ces putes à clics, ont donné le *la* de la nouvelle communication et démultiplié les effets pervers du « Je ne t'écoute pas mais te clashe car j'ai raison ».

Pour faire parler de soi, nul besoin dorénavant d'être remarquable dans son domaine. Qu'une publication, aussi bête soit-elle, fasse des millions de « vues », immédiatement tombe une invitation pour son auteur à venir pousser la grande porte des plateaux de télévision ou des studios de radio pour accéder au précieux « quart d'heure de célébrité » évoqué par Andy Warhol. Pathétique.

Puis-je en vouloir pourtant à quelqu'un de caresser l'idée d'être célèbre ? Le problème n'est pas là.

Le problème est surtout dans la nature de l'idée véhiculée.

Si, et Dieu merci il y en a, un combat vertueux peut parfois trouver une résonance grâce aux réseaux sociaux, et faire bouger des lignes comme combattre des injustices, d'autres, bien plus dégueulasses ou monstrueusement cons, en ont trouvé aussi. L'idiot du village qui croit la Terre plate se trouve des potes adhérant à son idée, et tous n'auront aucun problème pour convaincre, à leur tour, d'autres illuminés. Les mêmes, comme d'autres, peuvent croire aussi, et colporter, que posséder une pizzeria aux États-Unis est un signe d'appartenance à l'internationale de la pédophilie. Et, l'union faisant la force et la certitude, nous voilà contraints d'entendre parler de tels abrutis, lesquels imbéciles seraient presque touchants comparés aux membres d'autres groupuscules VRP de l'immonde qui œuvrent dans le même immense cortège du « Je pense ce que je veux, j'ai raison et si vous nous traitez de complotistes, c'est que vous nous cachez quelque chose ».

Pour autant, toutes les femmes et les hommes qui finissent par adhérer à l'absurde sont-ils à jeter avec l'eau du bain ? Eh bien je ne crois pas. Tout comme, à une époque, on a qualifié les électeurs de Jean-Marie Le Pen de « déçus de la politique », je suis tenté de penser que ceux qui croient à ce genre de billevesées délirantes sont des déçus tout court.

Des déçus du bonheur.

*

Nous en sommes tous un peu là. Et un peu las, aussi.

L'absence de vrai débat lié à la prolifération des polémiques qui éliminent la nuance, l'oubli de l'indulgence, le mépris du contradictoire respectueux, la diatribe qui accueille le moindre questionnement et l'apparente à de la félonie font que chacun se sent obligé de prendre position en fonction des sensibilités publiques, pourtant contradictoires, comme de ses propres réflexions, qui peuvent l'être aussi.

L'humain est ainsi fait, je suppose. La perspective d'être isolé du groupe lui semble insupportable, à lui qui est un « animal social ». Aristote allait plus loin, puisqu'il pensait même l'homme comme naturellement un animal politique. Alors, sûrement pour ne plus ressentir le traumatisme du petit garçon dernier à être choisi par les autres à l'heure de la récré ou au foot, l'individu adhère au camp qu'il pense le plus proche de lui. Le match peut alors commencer. Ou on est Longeverne ou on est Velrans (*La Guerre des boutons*).

Malheureusement, la vraie vie n'est ni de la littérature ni du cinéma. Et elle est moins tendre, moins drôle.

Les combats idéologiques s'y livrent dans la rage tout en se voulant nobles. Alors que la plupart des fois on y couche avec l'absurde.

Si bien que plus le temps passe, plus l'ambition d'atteindre un « bien-être collectif » se dissipe. On se recroqueville sur soi, son clan, ceux qui pensent pareil, et la revendication vire à l'égoïsme.

*

La grande idée est devenue minuscule. Le « bon sens », chacun le croit sien.

Et le « progressisme » espéré autrefois est remplacé par le sectarisme. Quant à la morale…, les uns et les autres se servent du mot pour justifier le bien-fondé de leurs arguments. Mais, comme le disait Léo Ferré : « Le problème avec la morale, c'est que c'est toujours la morale des autres. »

Alors nous passons notre temps, depuis quelques années, à nous sentir obligés de quasiment quotidiennement prendre parti sur des sujets qui, parfois, fort souvent, trop souvent, ne devraient même pas attirer notre attention.

Car la vie, la vraie, est ailleurs.

Nous sommes inondés, au bord de l'asphyxie, à force de polémiques démultipliées, infondées et stériles. Le pour ou contre submerge, nous presse de passer au sujet suivant, et contraint d'arbitrer dans la précipitation pour avoir un peu d'air entre deux hystéries. La société est devenue un tribunal du référé permanent.

Le pouce en l'air – effroyable privilège des empereurs romains aux spectacles de mise à mort – est à notre portée. Tous nous sommes devenus des petits juges, nantis de la seule compétence d'une affreuse et inculte conviction cachée derrière des écrans de Smartphone, d'ordi ou de télé.

L'extrémisme est tout à la fois notre cauchemar et notre mode de fonctionnement.

On déplore, à juste titre, les violences et débordements des manifestations et de la jeunesse, devenus fléaux du pays. Mais quel exemple donnons-nous ? L'extrême violence des mots et des attaques, utilisés dans tous les sujets à controverse, même chez ceux qui se prétendent les plus civilisés, serait-elle sans conséquences ? Évidemment non.

La jeunesse, d'où qu'elle vienne et quelles que soient ses origines, n'est pas sauvage, elle est jeunesse.

Elle est le fruit non seulement de ses parents et proches, mais du monde qui l'entoure. J'adore le proverbe africain qui dit qu'« il faut tout un village pour élever un enfant ». La détestation du contradictoire, propre à tout adolescent, est montée en épingle par des adultes qui s'écharpent au nom de n'importe quel dogme. Or c'est oublier combien la violence est contagieuse. Les politiques, et les prétendus intellectuels, devraient faire preuve de beaucoup plus de mesure et d'introspection quand ils se servent de la jeunesse, ou de la révolte, pour se mettre en avant.

*

Je pense qu'il faut chercher le foyer pour comprendre l'avancée de l'incendie.

Même les idées les plus nobles, qui font naturellement sens, sont desservies, de nos jours, par l'extrémisme de leurs porte-drapeaux zélés, qui entendent bien montrer leur engagement total au reste du parti. Nauséabonde marche arrière des grandes heures maoïstes.

Pourtant, les exemples de thèmes potentiellement consensuels foisonnent. Le problème, c'est qu'ils sont portés par des hommes ou des femmes qui – en voulant se montrer incorruptibles, dans le but j'imagine de flirter avec la postérité – se montrent si excessifs, si grotesques qu'ils font tout rejeter en bloc, eux d'abord, leurs idées avec. Pire, ils prennent le risque, en provoquant une réaction épidermique, de nous faire rejoindre le camp opposé, qui lui-même ne sera pas à l'abri du ridicule ! N'est pas Gandhi, Martin Luther King ou Rosa Parks qui veut.

Et, pendant ce temps-là, nous voilà enfermés dans des idées qui ne sont pas tout à fait les nôtres, et avec lesquelles nous faisons contre mauvaise fortune bon cœur. Nous voilà victimes de notre propre rejet, et non plus fervents ambassadeurs de nos envies et de nos convictions. Mon Dieu, dès lors, que nous sommes loin du bonheur !

Prenons quelques grands sujets de société du moment, avec lesquels n'importe quel être humain normalement constitué devrait trouver un accord harmonieux.

6

Le féminisme victime des excès de ses militants

La définition du féminisme selon Le Robert est on ne peut plus claire : « Doctrine qui préconise l'égalité entre l'homme et la femme, et l'extension du rôle de la femme dans la société. »

Existe-t-il un homme, dans ce pays, qui refuse d'accepter une telle évidence ? Connaissez-vous un individu fréquentable, autour de vous, qui penserait, ou pire encore dirait, que la femme est un être inférieur, qui ne doit pas accéder à des responsabilités, ou qui, à compétences égales, doit gagner moins qu'un homme ? Personnellement, je n'ai pas ce genre de crétin au sein de mes proches. Reste qu'il en existe forcément quelques-uns puisqu'il existe bien des abrutis pour croire qu'Elvis vit planqué depuis quarante-cinq ans sur une île au large de la Floride. Mais bon, j'espère que vous consentirez à penser qu'il s'agit d'une minorité de minorité. Et à estimer, comme moi, que tant que cette minorité continuera à penser ainsi, il sera nécessaire, normal, que les féministes, constitués de tous les hommes et les femmes du reste de la société, demeurent vigilants pour lui faire entendre raison.

*

Pourtant nombreux sont celles et ceux qui sont exaspérés rien qu'à l'évocation du mot « féminisme ». Pourquoi ? Parce qu'ils rapprochent le terme – et non sa définition dont l'évidence est indiscutable – de l'attitude hystérique de certaines militantes (ce sont des femmes en effet), qui se sont approprié le vocable pour en faire le porte-drapeau d'un combat excessif.

Ces heureuses élues, en vérité autoproclamées, mélangent avec tellement de mauvaise foi les thèmes graves que sont le harcèlement, le viol, les femmes battues, l'inceste, les féminicides, etc. qu'elles concoctent un cocktail explosif non plus destiné à servir au mieux la condition encore perfectible de la femme, mais visant à lui opposer le sexe contraire, unique responsable de ses malheurs passés, présents et à venir. L'homme, à les en croire et dans leur prisme de pensée, n'est plus un père, un mari, un amant, un frère ou un ami, mais forcément un prédateur en surcharge de testostérone qui fera de toute femme une proie envisageable et une victime potentielle. Un dangereux psychopathe, en somme. Vision assenée sans nuance, tous les mâles dans le même sac.

L'excès étant jumeau du ridicule, il est grand temps de revenir à la raison.

Et, là encore, constatons combien la position manichéenne du pour ou contre est, en la matière, aussi intenable qu'ailleurs.

On se doit, en effet, d'entendre – elles les premières – la voix des femmes et des hommes qui ne veulent pas d'un tel amalgame, aussi réducteur que mensonger, aussi violent que provoquant un phénomène de rejet inverse au but souhaité.

Car il n'est pas admissible que l'homme qui émet des réserves, ou qui proteste haut et fort contre les dérives de cet « ultraféminisme », soit montré du doigt, vilipendé, présumé misogyne. Pas plus qu'une femme soit qualifiée de « misandre » parce qu'elle a une aversion pour le macho primaire. Là aussi, il faudrait raison garder, mesure adopter dans les propos, les invectives globalisantes étant toujours « amalgamantes » et contre-productives.

Car, Dieu merci, les hommes et les femmes ne sont pas en guerre.

Nous sommes faits pour nous aimer. Et nombreuses sont celles qui le savent. Et nombreux sont ceux, pères, frères, maris, amants, amis, voire inconnus, humains avant que d'être des hommes, qui iront casser la gueule aux ordures qui font du mal à une femme ! (Parenthèse, c'est une image, je ne prône pas la violence.)

Bien sûr, on peut m'objecter que les femmes ne veulent pas d'hommes ni pour les agresser ni pour les défendre, et c'est vrai. J'oserai ajouter que nous, les hommes, avons aussi besoin des femmes pour nous mettre au monde, nous faire grandir, nous protéger, donc rien ne vaut leur amour et celui que nous avons pour elles.

Aragon a tout dit. Aragon, un poète certes, mais un homme aussi : la femme est notre avenir !

7

Woke en stock

Les *woke* ont le vent en poupe. Sur les réseaux, dans les journaux, on parle beaucoup d'eux. Le mot, peu connu, est un anglicisme que l'on peut traduire par les « éveillés ». Apparus dans les années 2010 aux États-Unis, mais pour ma part j'ai eu connaissance du mouvement qui les rassemble seulement voici une paire d'années. Alors que leur combat a dérivé.

Au départ militants antiracistes, peu à peu les personnes dites *woke* ont fédéré, aggloméré même, toutes les inégalités et les oppressions qui s'exercent sur les minorités en une force unie. Autrement écrit, un *woke* est tout à la fois antiraciste, féministe, LGBT, et préoccupé par toutes les questions environnementales.

Vastes et nobles combats s'il en est.

Inutile de vous dire que je prends mon élan et mon courage pour aborder ce sujet. Car, dans les rangs des « éveillés », veillent des sentinelles qui ne ménagent pas leurs efforts pour traquer la phrase ou le mot inapproprié, voire la faute de frappe tellement répandue quand on oublie, comme c'est mon cas, l'écriture inclusive.

Lorsque j'écris « vastes et nobles combats », il n'y a évidemment aucune ironie sous mon clavier. Loin de là.

Moi qui suis le fils d'un juif sorti de l'école primaire sur une civière parce qu'aux dires de l'instituteur de sa classe de Blida[1] il aurait crié « À bas le maréchal Pétain ! » et naturellement empreint de l'histoire de mon peuple en général, ne pas comprendre que des êtres humains au bon cœur se réunissent pour défendre ceux qui souffrent serait contre ma nature et mon histoire. Mieux encore, ces vigilants-là me forcent au respect et à l'union.

J'ai vu les *woke*, comme vous certainement, réagir à la minute – parfois même beaucoup trop rapidement toutefois – aux informations

1. Ville d'Algérie située à 50 kilomètres d'Alger.

qui laissent supposer la moindre discrimination, qu'il s'agisse d'un crime avéré, de l'arrestation douteuse d'un homme noir, de l'attitude inappropriée d'une célébrité du PAF ou du show-business envers une femme, de la maltraitance d'un LGBT ou encore d'une déclaration ou d'une publication à caractère raciste.

Et c'est bien. Et c'est normal. Et c'est juste. Et quand les faits sont reconnus, nous devons, collectivement, nous féliciter que ces hommes et ces femmes fassent avancer les lignes du combat contre l'injustice pour arriver au jour – qui pourrait, qui devrait venir – où la nature humaine serait définitivement débarrassée du cancer de la haine de l'autre. De la haine tout simplement même.

Pour autant demeurent chez moi un questionnement et une amertume. Encore une fois, accordez-moi le crédit de penser qu'il s'agit d'un questionnement et non d'une affirmation déguisée.

*

Voilà d'où vient mon amertume. Si les *woke* rassemblent autant de bonnes volontés pour mener des combats légitimes, s'ils ont tant d'accès aux réseaux d'information, comment ai-je pu ne pas les entendre, pourquoi leur silence a-t-il autant résonné aux moments clés de l'affaire Sarah Halimi ?

N'y avait-il pas de féministes suffisamment nombreuses pour se lever et défendre la cause de cette femme assassinée par un homme trois fois plus jeune et plus fort qu'elle ?

Pas assez d'antiracistes pour clamer qu'elle a été assassinée au seul motif qu'elle était juive ?

Pas assez d'effectifs *woke* disponibles le jour de la manifestation organisée afin de dénoncer le fait que la justice refuse cette réalité, de militants d'ordinaire au taquet pour rejoindre ses proches, sa famille, tous ceux qui veulent que s'exerce le droit fondamental d'obtenir le procès de son assassin, que la justice estime non responsable ?

Pas d'inquiétude, je ne vais pas m'étendre sur l'antisémitisme et ses variants, tout a déjà été dit. Et nombreux sont ceux qui nous assimilent à des pleurnichards ou à des ravisseurs de la souffrance. Mais quand même ! Pourquoi deux poids et deux mesures ?

Pour clore ce sujet douloureux, je vais vous livrer une confidence qui vient du plus profond de mon cœur : je souhaite que ma question reste en l'air, je veux vivre avec cette interrogation. Pourquoi ? Parce que je préfère passer ma vie avec ce doute plutôt que d'avoir toutes vos réponses !

Et ça ne m'empêchera jamais d'être heureux.

*

En relisant les pages de ce chapitre sensible, une vérité m'a sauté aux yeux : pour un livre qui se veut optimiste, je suis terriblement hors sujet. Vous devez vous demander où je vais en venir à force de dépeindre à l'encre obscure une époque dont je prétends qu'elle peut être, qu'elle doit être, heureuse ?

Rassurez-vous, nous allons y venir.

Mais il me serait impossible d'écrire sur le bonheur en faisant abstraction de tout ce qui, de nos jours, nous tire vers le bas, nous fait freiner.

Or je n'aime pas freiner.

*

En août 2020, Claude Lelouch et moi tournons son film *L'amour c'est mieux que la vie*. Je conduis sur une petite route de Villers-sur-Mer, dans sa chère Normandie, et lui me filme, harnaché sur le siège arrière d'une décapotable, tenant une énorme caméra sur son épaule. Une telle force de vie à 83 ans, je la souhaite à tout le monde.

Absorbé par ce que j'ai à jouer pour ce maître et génie du septième art, je regarde la route fort distraitement et, alors que la voiture roule à vive allure, je ne vois pas un dos-d'âne.

Oh, pas un de ces « cassis » d'antan hélas, mais un de ces monticules de goudron insupportables venus orner presque toutes les routes de France en quelques années dans le but de nous faire ralentir.

Vertueuse intention certes, puisqu'elle oblige à ralentir auprès des habitations et d'éventuelles traversées de piétons, mais au nom de ce noble dessein, faut-il faire abstraction de l'exaspérante pollution sonore causée par le bruit des freinages souvent tardifs qui précèdent le passage du son grinçant émanant des suspensions au franchissement de ce triste monticule aux dimensions aléatoires et mal calculées, du bruit des réaccélérations d'après, de la pollution que cela entraîne comme des chocs infligés aux vertèbres des conducteurs et passagers ? Et oublier celui qui se tient, par hasard, aux abords ou, pire, les voisins de ce qu'on appelle, sans plus de talent que n'en ont ces petites tumeurs (pas malignes) de goudron, des « ralentisseurs ».

Bref, je le franchis sans freiner, puisque je ne l'ai pas vu.

Claude est presque projeté par-dessus bord, mais heureusement retenu par son assistant, qui le marquait à la ceinture. Je ne sais plus où me foutre, de honte, et surtout de peur de lui avoir fait mal. Mais, à ma grande surprise, au lieu de m'engueuler comme c'eût été légitime, il se met à râler contre les ralentisseurs. En m'offrant une brillante démonstration montrant combien ils sont le reflet de notre siècle, époque qui veut que nous soyons ralentis partout et tout le temps. Et de terminer sa diatribe en me disant qu'il y a pire que ces installations-là : les hommes dont la seconde nature est de nous ralentir. Sa conclusion ne cesse de me hanter : « Les mecs qui sont des ralentisseurs, tout comme les Nostradamus du pire qui trop souvent nous entourent, il faut les sortir de sa vie. » Je jubilais. Et j'en jubile encore.

Au fond de moi, une petite voix me susurre que bien des *woke*, à force de tout mélanger, « intersectionnaliser » comme on dit dans leur jargon aussi, en créant des crispations, en sélectionnant leurs combats, risquent d'obtenir l'effet inverse du bénéfice qu'ils revendiquent. Ces ralentisseurs qui s'ignorent carburent à la bonne conscience mais font faire parfois des cahots à la société.

*

Avant d'en venir aux manières de contrer les parasites de la bonne humeur, je ne peux m'empêcher de m'attarder sur un dernier exemple – et pas des moindres –, celui du blizzard qui cristallise l'air du temps : la *cancel culture*.

8

Cancel and Co

To cancel, mot anglais, signifie « annuler ». Résilier, supprimer, biffer, éliminer. La *cancel culture* prônée par un certain nombre d'activistes signifie – au nom de la plus parfaite humanité, dans le but de créer un monde meilleur, non plus de corriger les comportements actuels pour les débarrasser de leurs démons, non pas d'envisager un avenir où la prise de conscience serait possible, non de voir le passé et les attitudes d'antan avec le regard de ces époques anciennes, ces grilles de lecture et de conviction des êtres de bonne foi – vouloir et même exiger que l'art, les références, bref l'histoire avec un grand H, soient délestés de tout ce qui ne serait pas en phase avec la pensée, noble et nettoyée, d'aujourd'hui. Autrement dit, on ne parle plus de X, on ne montre pas de statue ou de tableau de Y, parce qu'on lit leurs textes, leurs œuvres, leurs parcours à l'aune de nos années 2020. Mieux – enfin, pire –, on les efface. Annule, résilie, supprime, biffe, élimine.

*

Cela ne rappelle-t-il pas certains totalitarismes du XXe siècle ?

Soljenitsyne disait que pour détruire un peuple il fallait détruire ses racines. En imaginant que nous acceptions de changer nos références, vers quel modèle irions-nous ? Tout personnage historique, tout grand artiste, et jusqu'au simple mortel que nous sommes, n'a-t-il pas une face noire, une part d'ombre ?

Je sais que la référence est éculée à force d'être utilisée, mais à l'égard de ce genre d'attitude excluante, annihilante au nom d'une bien-pensance dévoyée, comment ne pas penser à George Orwell, qui, dans son roman *1984*, a prévenu : « Les statues et bâtiments ont été renommés, chaque date a été modifiée… L'histoire s'est arrêtée. Rien n'existe sauf un présent sans fin dans lequel le parti a toujours raison. »

Comment ne pas penser, aussi, aux régimes staliniens et maoïstes, en URSS et en Chine, qui gommaient sur les photos officielles, à côté de leur grand leader, les images des anciens dignitaires devenus *persona non grata*, allant jusqu'à effacer leur existence visuelle après les avoir tués ?

*

En vérité, qui peut vouloir vivre dans une telle société ? Et pourquoi nous laissons-nous faire ?

Que je m'en veux de ne pas avoir ouvert ma grande gueule – qui pourtant parfois parle à ma place – quand ils ont commencé à intervenir en France ! Je me souviens de la première fois où j'ai pensé, seul dans mon coin : « Mais ils sont complètement dingues... », espérant qu'un autre, un plus concerné, un plus courageux, un plus puissant, les fasse renoncer. Et le puissant, le courageux, ne l'a pas fait – pas plus que moi. Alors qu'il aurait fallu.

C'était en 2009. La cinémathèque consacrait une exposition au célèbre réalisateur Jacques Tati. Et la régie publicitaire de la RATP avait décidé (on croit rêver) que la photo de l'affiche, où figurait M. Hulot, était inappropriée puisqu'il y apparaissait avec sa pipe.

Comble de la connerie, la même régie, où devait régner un illustre inculte, avait décidé de remplacer ladite pipe par un ridicule moulin à vent. J'aurais préféré qu'il s'en fasse tailler une, au moins ça m'aurait fait marrer.

À l'époque, deux ou trois personnes ont gueulé, et puis c'est passé crème. La pipe de Tati a été ôtée, tout comme La Poste, quelques années auparavant, avait éliminé la clope de Malraux sur un timbre à son effigie. Comme le disait, au théâtre, l'avocat Éric Dupond-Moretti, que j'ai eu le bonheur de mettre en scène : « En termes de liberté, ce sont les petits renoncements qui amènent les grands. »

À quel moment nous sommes-nous dit, collectivement, que les photos qui ornent désormais nos paquets de cigarettes, toutes immondes, étaient une bonne idée ?

Pourquoi surtout ?

Pour l'effet dissuasif ? Évidemment pas, la cigarette ne s'est jamais aussi bien portée chez les jeunes. Pour faire peur ? On ne les regarde même pas, même plus. Pour prévenir ? De quoi ? Des procès peut-être, mais pas des conséquences médicales. Existe-t-il encore quelqu'un, dans ce monde, qui ignore les méfaits du tabac sur la santé ?

Non, demeure, malheureusement, une entrave supplémentaire à la liberté. La liberté de faire ce qu'on veut, y compris de ses poumons, en respectant ceux de son prochain. Parce que le fumeur n'est pas forcément un taré inconséquent qui clope fenêtre fermée dans sa bagnole avec les enfants à l'arrière.

Poussons le raisonnement de la prévention étouffante jusqu'au bout.

Pourquoi ne pas mettre des photos de foies cirrhosés sur les bouteilles des grands crus, des images de noyés à l'entrée des piscines ? Ou, pour gagner du temps sur toutes les préventions, des dessins de corbillards dans les salles d'accouchement ?

*

Chaque jour nous entrons un peu plus dans l'antichambre de l'absurdie. Et nous sommes hébétés devant ce triste et terrifiant constat.

Chaque jour apporte son débat inepte, de plus en plus idiot. Sommes-nous devenus complètement cons pour en arriver même à avoir l'idée de donner son avis sur un sujet qui ne devrait même pas retenir l'attention ? Moi qui n'ai jamais bu une goutte d'alcool parce que je n'aime ni son goût ni l'ivresse (c'est étrange, mais véridique), me voilà plongé dans une société qui n'a plus que des conversations de bistrot, où les brèves de comptoir ont cessé d'être drôles pour se prétendre philosophico-politiques.

Il faut que chaque seconde charrie sa polémique, son clash sur n'importe quoi, amplifié par les médias, peuplés de donneurs de leçons, salariés et omniscients, en perpétuelle soif d'invectives.

Elle est là, l'autre *cancel culture* : remplacer l'intelligence par la polémique.

Combien sommes-nous, à ronger notre frein ? Beaucoup plus que je l'imagine. Personnellement, je me surprends à avoir envie de l'ouvrir quasi quotidiennement sur des thèmes qui n'en sont pas et qui me révoltent. Je me retiens de tweeter, mais ça me titille. Je suis à deux doigts d'appeler telle ou telle émission pour m'y rendre, gueuler, brailler mon avis, et me retiens. Je veux rendre coup pour coup à celui ou celle qui pousse sa revendication jusqu'à bousculer et piétiner ma confiance en l'intelligence universelle. Contaminé par l'excitation permanente, je risque de devenir comme tout le monde : ramener ma fraise alors que je ferais mieux de me taire. Le poison m'a atteint à mon tour, même si je résiste encore. Jusqu'à quand ?

Car moi aussi, progressivement, me gagne le désir d'en découdre, de me trouver un clan, un parti, une organisation et d'aller ferrailler contre l'« ennemi », quitte à mettre en sourdine le petit pourcentage d'accords que je partage avec lui. Pour, finalement, ne pas céder et me sentir seul.

Comme un type qui n'a plus le droit d'acheter au détail, mais seulement à la maison mère. Comme un SDF de la pensée politique dans une société aux dogmes fascisants.

Mais comment puis-je être en harmonie avec ce monde ? Qui le pourrait ? Qui le peut ? De quelle façon trouver le repos intellectuel, la quiétude, bref le bonheur ?

Deuxième partie

Le je-m'en-foutisme chirurgical et le ricanement

9

Le sérieux qui nous étouffe

La France a-t-elle tellement changé en trente ans ? Moi qui balance entre deux âges, celui des *boomers* et celui des blancs-becs, suis-je devenu amnésique ou tellement empreint de nostalgie que je vois le passé en bleu pastel ?

Il doit y avoir un peu de tout ça puisqu'une étrange règle de vie fait sublimer le passé au fur et à mesure qu'on s'en éloigne. Mais quand même. Certes, on pourrait dresser deux immenses colonnes pour compter les progrès et les reculs, mais tel n'est pas mon propos. Car je me penche sur une impression, celle selon laquelle la gaieté était omniprésente alors qu'aujourd'hui elle a disparu.

Des chansons et les slows nous parlaient – naïvement – d'amour à la plage.

Des émissions pour enfants les laissaient à leur place d'enfants sans prétendre les rendre plus responsables ou conscients qu'ils doivent l'être à leur âge.

Des humoristes, avec plus ou moins de talent et de finesse, avaient une liberté totale puisqu'ils n'étaient qu'humoristes. Je me souviens même de deux types extra, l'un franchement à gauche et l'autre franchement à droite, qui se sont mariés en fausses noces juste pour l'amour du rire.

Des divertissements existaient où des femmes et des hommes dénudés apparaissaient à des heures de grande écoute sans que le CSA – il s'appelait autrement – soit saisi ou que des censeurs majoritaires crient au sexisme.

Des débats, intelligents, passionnaient. On s'y engueulait copieusement, mais sans menaces de mort après.

Des boîtes de nuit ouvraient dans les villes et villages de France, des homos et des travelos se roulaient des pelles (ou mieux encore) au Palace, et ça ne faisait boiter ou éructer que quelques pères La Pudeur égarés, bien seuls.

Des spots heureux et créatifs, sur tout et n'importe quoi, occupaient les écrans et généraient même des émissions à la gloire de la pub sans susciter d'assignation en référé ou autre fulmination éruptive actuelles.

La liste pourrait être déroulée longtemps…

Alors, à quel moment tout a-t-il basculé ? On va m'objecter le changement d'époque, la fin des Trente Glorieuses, etc. Mais il y a trente ans, le monde n'était pas non plus celui de Oui-Oui ou des Bisounours, ce qui n'a pas empêché de progresser dans bien des domaines. Comment avons-nous laissé, subrepticement, insidieusement, notre humeur généreuse au vestiaire ?

Et pourquoi ?

*

Vous souvenez-vous de l'annotation visible autrefois sur certains bulletins scolaires : « Trop dissipé. Empêche les autres de travailler » ? Souvent elle venait d'un prof un peu chiant, besogneux et passionnant comme une musique d'attente téléphonique, qui avait la même pédagogie avec ses élèves qu'une clé à molette sur une vis. À l'époque, trop jeune et trop respectueux, je ne me serais jamais permis de répondre à ce genre d'enseignant que mes copains et moi nous trouvions plus essentiels à la vie scolaire que lui. Je pressentais néanmoins que, tout au long de nos vies, nous nous souviendrions plus volontiers des batailles d'eau dans la cour, des cours de maths séchés pour aller au bistrot avec les filles que du prof de physique tentant de nous inculquer la différence entre les ions positifs et ceux négatifs.

Sommes-nous, dès lors, devenus des premiers de la classe ? des adultes ayant tellement vieilli qu'ils prennent tout au sérieux, même ce qui les emmerde le plus ?

Pourquoi avoir oublié les matières dont on se foutait et qui résonnaient à nos oreilles comme des promesses de récréation dans les emplois du temps jugés infernaux ? On s'en moquait royalement de bien jouer de la flûte durant l'heure de musique comme de réussir l'abat-jour en rotin en travaux manuels. On allait même jusqu'à « faire l'impasse » sur des sujets au bac en misant sur une hypothétique bonne étoile.

Tout cela pour dire quoi ? Que le sérieux broie aujourd'hui tout le monde. Les vieux comme les jeunes. Ces derniers n'ont même pas droit à l'insouciance qui devrait être la leur à leur âge tant ils sont angoissés par l'état du monde et de la planète, par le militantisme qui les écrase, la bien-pensance pesante et sclérosante – un nouveau conformisme – qui les étouffe. Nous-mêmes, sexas, quinquas et moins, devrions réveiller les adolescents en nous, les cancres, les branleurs, et arrêter séance tenante de faire comme si tous les sujets comptaient, comme s'il fallait être les plus affûtés, au taquet, pour réussir un examen de fin d'année qui n'aura pas lieu.

Du recul, du détachement, voilà ce qu'il faut pour donner de l'air à notre société. Et de l'humour sain, franc, vrai aussi !

10

Le rire guérit

Il n'y a rien de meilleur que de rire, même de ricaner. Sur tout et n'importe quoi. On ne se sent jamais aussi proche de quelqu'un que quand on s'esclaffe avec lui. Il n'y a plus de sexe (bien que le rire, pour paraphraser Sacha Guitry, puisse faire gagner du temps entre deux personnes ayant des attirances l'une pour l'autre), plus de couleur de peau ou de religion, de différences politiques, de différends tout court, grâce à l'humour. La preuve, historique s'il en est ? Le magnifique rire échangé entre Bill Clinton et Boris Eltsine en 1995, scellant une autre étape des relations entre les États-Unis et la Russie.

Hélas, si le rire est une arme de rapprochement massive, depuis quelques années s'aggrave le sentiment indigeste que l'humour doit être laissé de côté. On ne rit pas, plus, c'est interdit, parce que c'est déranger le reste de la classe, bien trop sérieuse. Alors qu'il n'y a jamais eu autant de comiques et humoristes sur les plateaux ou dans les théâtres – un peu uniformisés dans leurs registres toutefois –, une sorte d'ordre moral s'élève.

Pour inciter toute envie de pouffer ou de faire rire à se taire, on oppose le malaise de la victime. Désormais on ne rit plus des choses qui peuvent blesser l'autre.

Le chantage à la souffrance pour tuer l'ironie, ou le remarquable progrès des casse-couilles !

*

Comme il est confortable de faire la leçon sans être interrompu ou tourné en ridicule. Résultat, sauf à huis clos, plus personne n'ose rire des sujets présentés comme graves.

Mais qu'est-ce qui est grave à part la maladie et la mort ? Et, là encore, la souffrance s'avère un peu moindre si on a le courage d'oser en plaisanter. Un grand nombre d'études scientifiques ne tendent-elles pas à prouver que le rire serait un antidote à bien des maux physiques et même le meilleur moyen d'allonger la vie ?

Alors ?

*

Toute ma vie, je me souviendrai d'un type qui m'a laissé sans voix.

Il y a environ vingt ans, je participais au Festival « off » d'Avignon avec mon premier spectacle, grâce auquel j'espérais me faire connaître.

Pour ceux qui n'ont pas encore découvert la foire d'empoigne qu'est ce festival, sachez que les jeunes comédiens et comédiennes qui s'y rendent doivent, en plus de leurs performances quotidiennes, aller « tracter » chaque jour pour attraper et attirer le spectateur hésitant, tiraillé entre des centaines de spectacles différents.

Je me suis donc prêté au rituel. Et, chaque soirée, inquiet de remplir la petite salle qui s'allumait pour moi à 22 heures, flyers à la main, noyé au milieu des tonnes d'autres intermittents, je courais après le chaland. Un jour, lassé de sprinter au milieu de mes concurrents, malgré les avis contraires je choisis d'aller tracter place du Palais.

Sacrilège : on ne tracte pas sur l'esplanade qui fait face à la mythique cour des Papes. Pourquoi ? Parce que c'est l'endroit du festival « in », le « vrai » festival, le glorieux. Celui des « théâtreux » sérieux. Celui où la culture se pratique et se diffuse à grand renfort de subventions, obligeant les ministres du même nom à faire d'Avignon une étape obligatoire de leur circuit estival. Un espace par ailleurs exempt, Dieu l'en garde, de la moindre publicité comme de toute obligation de recettes, pire encore, de bénéfices. Non madame, monsieur, l'argent n'est pas autorisé à perturber la flamboyance du Festival in d'Avignon. Mais force est de constater que c'est toujours plein : personne n'a jamais dit que la vie était juste.

Bref, comme souvent, à tort ou à raison, j'ignore les mises en garde, je me dis qu'à l'heure où le public du « in » se rend au spectacle, je vais peut-être réussir à en pervertir quelques-uns et à leur faire quitter la cour des Papes pour rejoindre, à quelques mètres de là, celle des Miracles. Dans laquelle, malgré les mimes qui foutent le cafard et font peur aux gosses, les éternels cracheurs de feu et les joueurs de diabolo quinquagénaires dont les pieds se confondent avec les pavés de la ville, sont nés et naîtront de grands talents d'auteurs, de metteurs en scène et d'acteurs.

Et je tombe sur ce type.

Visualisez une sorte de Robert Hue (même corpulence, même collier de barbe et même coupe de cheveux que l'ancien secrétaire du PCF) en sandales romaines, short et polo pas du tout assortis. Il marche d'un pas décidé sans se soucier de sa femme, qui, visiblement, peine à le suivre. Je le devine prof d'histoire, de ceux qui n'ont jamais su la raconter à leurs élèves. Qu'importe si je sais qu'il ne va pas être un client facile, je prends mon élan. Quand j'attire son attention, à la manière des jeunes dans les gares qui veulent fourguer quelque chose sous prétexte d'un sondage ou d'une pétition, il est déjà exaspéré.

Au moins a-t-il la politesse de réduire son allure, ce qui m'autorise à marcher à côté de lui et me permet de tendre le tract de mauvaise qualité où figure ma tête.

Je suis embarrassé. C'est tellement gênant de se vendre. Je me sens comme une prostituée prétentieuse et rêve du moment où j'aurai un agent, un service de presse et un producteur, qui parleront de moi quand je ne serai pas là et à qui je ferai croire que je n'ai pas besoin de ça.

Il jette un œil condescendant sur le tract, puis me regarde et voit bien la ressemblance. Conscient que le silence ne doit pas s'installer, je lui dis, le plus candidement du monde, que s'il a envie de rire il devrait venir me voir.

Et là, jaillit cette réponse impossible à oublier : « Monsieur, je ne suis pas venu à Avignon pour rire ! »

Mon temps de digestion de la phrase lui suffit à se débarrasser de moi et à poursuivre son chemin, toujours suivi de sa femme, qui n'a même pas eu le loisir de récupérer un peu. Et moi j'en reste muet. Effaré.

Si je ne suis plus jamais retourné tenter ma chance place du Palais, je pense souvent à cette sentence ahurissante.

Qui revient me hanter, à l'heure où j'écris ces lignes.

Il y a des gens qui n'aiment pas rire ?

J'ai beau y réfléchir, je n'y crois pas, je n'y arrive pas.

*

Sacha Guitry disait : « On peut faire semblant d'être sérieux, mais on ne peut pas faire semblant d'être drôle. »

Tenir de tels propos, serait-ce la basse revanche des rasoirs, des sans-reliefs, des pisse-froid ? Faire croire, depuis fort longtemps d'ailleurs, que le rire est chose facile, à la portée des imbéciles, est-il le réflexe des ternes, la protection des frileux, le mépris de ceux qui savent envers les autres, les « pauvres » du ciboulot ?

C'est mon unique théorie complotiste à ce jour, mais, celle-là, j'y crois dur comme fer.

Les intellos snobs, et leur bande de bouffeurs d'oxygène, méprisent le rire. À part mon Robert Hue en bermuda, qui traite en direct avec le ridicule depuis bien longtemps, ceux-là n'oseront pourtant jamais l'affirmer alors qu'on les entend penser tellement fort : à leurs yeux, « le rire est vulgaire ». Le leur – car ils rient quand même – serait plus raffiné, pensé, élaboré. Pourquoi ne peut-on rire de tout et de toutes les manières ?

Ce dédain n'est malheureusement pas nouveau. Même dans les métiers du cinéma. Souvenons-nous de la polémique liée à l'absence de comédies nommées aux Césars, qui a longtemps gâché la cérémonie ; de Louis de Funès, qui, parmi tant d'autres génies du comique, eut à subir de son vivant d'innommables critiques sur son travail. Un champion du monde avait même, en 1980, osé écrire – dans *L'Humanité dimanche* –, à propos de l'adaptation cinématographique de *L'Avare* par Roger Coggio : « La comédie moliéresque est une chose trop sérieuse pour être laissée à des comiques. »

Dieu merci, le temps fait son œuvre, et les faiseurs d'opinion (souvent parisianistes) comme les maîtres du bon goût autoproclamés volent ensuite au secours de l'imparable, de l'évidence. Naturellement vaincus, ils passeront juste, et discrètement, du statut de jaloux clandestin à celui d'admirateur compulsif.

C'est ainsi que Molière comme Louis de Funès, à qui, de leur vivant, on a opposé l'art avec un grand A, se sont vus couronnés, après leur mort, d'expositions, de musées, et d'écoles d'art, dans lesquels on tente de disséquer leur génie.

Le rire actuel sera peut-être partie prenante de l'histoire de demain, et je ne serais pas surpris que nos petits-enfants entendent parler – entre autres – de Dany Boon, Gad Elmaleh et Jean-Paul Rouve. Nous serons d'accord, je pense, pour considérer que cette reconnaissance tardive vaudra largement l'aumône d'un César du public, inventé par une profession qui oublie qu'elle a du bol et qu'on aimerait voir se montrer plus souvent au-dessus de la mêlée en termes de goûts et de couleurs.

*

Le rire, consensus universel, est à remettre à l'avant-scène. J'ai souvent entendu, comme vous je suppose – ce qui prouve notre âge avancé –, des gens se questionner sur la société d'aujourd'hui et demander ce que pourrait dire et faire Coluche s'il était encore vivant. En serait-on même là si le plus célèbre « bouffon de la République » avait pu commenter tout ce qui nous est arrivé depuis trente-cinq ans, et faire rire ?

Nous avons tous conscience que le rire est un contrepoids essentiel à la vie de la cité. Une sorte de cinquième pouvoir. On attribue même la réélection de Jacques Chirac, en 1995, aux Guignols de l'info de Canal+, qui l'avaient rendu sympathique en l'illustrant avec ses pommes ou des couteaux dans le dos symbolisant la traîtrise de son ami de trente ans, Édouard Balladur. Mais on voit aussi que cet humour bat en retraite.

J'ai adoré le dernier livre de Frédéric Beigbeder, pour qui j'ai par ailleurs beaucoup de sympathie et d'admiration. Dans son ouvrage dont le titre est un smiley, il se montre remarquablement courageux dans son autocritique. Car le roi des fêtes parisiennes d'antan, exilé loin de la capitale – qu'il qualifiait déjà dans son livre précédent de ville devenue « un musée pollué soumis aux attentats » –, vit à présent dans le Sud-Ouest et a abandonné, sans regret apparent, les plaisirs artificiels de la coke, des couchers à l'aurore avec des mannequins aussi belles que perdues et sa provocation d'homme de média et de lettres. À tout cela, il préfère désormais le bonheur serein d'une vie de famille, définitivement à l'abri des pleines pages de la presse à scandale.

Mais ce qui a surtout attiré mon attention et ma réflexion, c'est la responsabilité qu'il se met sur les épaules, comme il la dépose sur celles d'autres personnalités des années 1980-1990 quant à la dérive de notre société. Lui, qu'on peut globalement ranger dans la « génération Canal », s'autoflagelle et part en guerre contre l'ironie placée partout, sur tous les sujets, qui aurait amené, si j'ai bien compris, à ne plus rien prendre au sérieux, pas même les choses et les gens qui le méritent. Avec pour effet pervers d'entraîner la société française dans une sorte de fatale dérive. Le ricanement permanent – se moquer sans cesse avec mépris – dorénavant le révulse. Le rire, oui, l'humiliation méchante, le sarcasme hautain non !

Je le rejoins sur la déconvenue sociétale à laquelle nous sommes confrontés. En revanche, après mûre réflexion, je ne suis pas d'accord sur le fait de rejeter sur les seuls trublions et mauvais élèves de l'humour Canal l'état de catatonie des zygomatiques et le moralisme hystérique de nos contemporains. D'abord parce que c'est leur accorder trop d'importance (même si j'adorerais penser que les dirigeants mondiaux se soucient des vannes du plus doué des humoristes), ensuite parce que je crois en l'intelligence du peuple. Plus qu'en son intelligence même, je fais confiance à son instinct. Tous ceux qui ont essayé de prendre les gens pour des cons se sont cassé les dents.

*

Du plus génial des publicitaires au plus arrogant des producteurs de spectacles ou d'audiovisuel, en passant par la plus perverse ou démagogique des manœuvres politiques, personne n'arrive à duper tout le monde sur le long terme. L'instinct populaire – appelons-le « intelligence collective » – fait le guet.

Les « gens » ont toujours raison.

C'est pourquoi je crois – j'espère – que chacun, s'il est honnête, sait faire la différence entre une blague, de l'ironie, de l'humour et le sérieux d'une information. D'autant que, souvent, l'humour remet l'église au milieu du village, devient la réponse du berger à la bergère, éclaire la vérité.

Pour reprendre l'exemple des Guignols, de Jacques Chirac et d'Édouard Balladur, souvenons-nous de la manière dont les auteurs avaient repéré la trahison du clan du Premier ministre et s'étaient amusés à montrer sur une affiche un Chirac esseulé, avec, à l'arrière-plan, un pommier. Il n'en fallait pas plus pour que, dans la blague « Mangez des pommes » qu'ils lui faisaient dire, tout le monde perçoive le message. De là à glisser un bulletin dans l'urne…

Prendre à la légère, avec dérision, un candidat à l'élection présidentielle au suffrage universel dans une République aurait pu être désastreux, ce ne fut pas le cas. Mais nous savons tous que l'élection ne s'est pas jouée sur la seule appréciation d'une marionnette.

*

Entre autres bénédictions d'être français, il y a l'humour. Oui on est râleurs, oui on est indisciplinés, oui on est difficilement gouvernables, mais bordel, qu'est-ce qu'on est drôles ! Et reconnus pour cela depuis des siècles partout dans le monde.

Ça chambre dans toutes les usines et bureaux de France, aux bistrots, dans les stades, les bandes de potes. Alors, d'où vient le sentiment que, maintenant, mieux vaudrait la mettre en sourdine ? Comme si nous avions tous vieilli d'un coup et qu'il faille se montrer sérieux et prendre tout comme tel.

Eh bien non, il ne faut pas. Au contraire même.

Plus on rit, plus on est heureux, c'est presque une lapalissade.

J'ai bien entendu la complainte, honorable, de Frédéric Beigbeder, mais, non, ce n'est pas la faute des drôles si la société va mal. En revanche, elle le deviendra s'ils baissent les armes et nous laissent nous enliser dans les faux débats et projets de cons. Le rôle des sérieux est de nous montrer qu'ils sont sérieux. À eux revient de ne pas prêter le flanc. Aux comiques de zébrer d'éclats et d'espoirs le ciel quotidien souvent gris.

Amusons-nous des plus beaux, des plus grands, des plus forts, de nous-mêmes. Soyons les empêcheurs de tourner en rond des casse-couilles et des emmerdeurs. Nous avons été capables de soutenir *Charlie Hebdo* pour ce que ses membres et ce journal iconoclaste irrévérencieux représentaient dans la liberté de rire en un moment atroce, aussi ne lâchons pas. Le rire est à consommer sans modération, le plus possible et le plus souvent possible. Rien ni personne ne doit nous dicter quand, pourquoi et comment on doit s'amuser.

*

Si nous avons eu la parole leste sur l'humour à une période, de manière un peu trop systématique, étions-nous pour autant malheureux ?

Force est de constater qu'aujourd'hui la place des amuseurs a été prise par des polémistes et pléthore d'associations en tout genre, politisés ou dogmatisés, qui nous ramènent à un premier degré permanent. Il serait peut-être temps d'oser à nouveau se moquer, et plus largement que dans nos petits cercles respectifs, où résiste une liberté de chambrer, railler, s'amuser. En s'esclaffant sans avoir peur de susciter des réactions ou des cris d'orfraie scandalisés – qu'on se comprenne bien, je pense qu'on peut rire de tout et avec tout dès lors qu'on le fait avec subtilité, intelligence, sans morgue ou mépris –, je suis sûr qu'on se sentira moins seuls. Et, surtout, plus sereins pour ouvrir la porte à des lendemains qui chantent.

11

Le retrait de la vente de Monsieur Patate

Remettre au goût du jour le fait de se moquer ? Nombre de sujets s'y prêtent. Dont d'inattendus – comme celui qui a fait une victime appelée Monsieur Patate.

*

Ce jouet en plastique dont le corps ressemblant à une pomme de terre peut se voir greffer une moustache, des cheveux, des bras, etc., eux aussi en plastique, tous les enfants connaissent. Eh bien, portée par la vague américaine qui voit de la discrimination des femmes partout, la firme qui le produit a considéré, dans un hallucinant excès de zèle, que l'appellation « Monsieur » devant « Patate » (en écrivant, je me marre tout seul) était trop segmentante.

Et que, dorénavant, la « famille Patate » serait moderne, à la page, car non genrée.

*

En lisant ce genre d'histoire, mon cerveau, je l'avoue, entre en apnée. J'ignore si vous avez déjà ressenti ce séisme intellectuel, mais dans ma tête il y a comme un bug.

Pour illustrer ma pensée, décrivons le cerveau comme une grande ville desservie par des autoroutes, dont deux sont saturées. Celle des vannes et celle des insultes. N'arrivant pas à réguler les entrées, des bouchons m'empêchent de trouver le vocabulaire adapté. Mais il en résulte un état de nerfs assez asphyxiant. Alors, contenons-nous.

Comment écrire les choses subtilement ? Ne serait-il pas temps de clore le débat sur l'identité de genre appliquée à tous domaines, débat que chacun aborde en marchant sur des œufs de peur de froisser les souffrants, de se faire assaillir d'insultes, de reproches et d'être propulsé au ban des méchants.

La peur vissée au bas-ventre, si des marques en viennent à une attitude aussi puérile, grotesque, c'est qu'elles se déculottent, s'adaptent non par noblesse d'âme mais par peur du scandale ou du boycott. Le mercantile est versatile, et ce n'est pas le marketing qui fera un monde meilleur, le croire revient à se tromper lourdement. Car, au fond, c'est la sincérité de la démarche qui devrait importer et non une sorte de béni-oui-ouisme anticipatif.

*

Pour comprendre ce qui arrive, resituons ce débat, tant que c'est encore possible.

Le combat des LGBTQIA+ ? Comment ne pas être leurs alliés, leurs amis ? Reconnaître l'identité ou la non-identité désirée ou pas d'un humain tombe sous le sens. Le mouvement de libération des gays, lesbiennes, trans, etc. a dû se battre, et se battra encore – et nous avec eux je suppose – pour que, d'une part, soient reconnu·e·s les lesbiennes, les gays, les transsexuels, les bisexuels, les queers, les intersexes, les personnes asexuelles, et les autres, mais aussi et surtout pour qu'ils/elles ne soient jamais agressé·e·s au nom de ce qu'ils/elles représentent.

Normalement, je devrais déjà avoir le droit d'oser une petite vanne sur le « + ». Que peut-il bien incarner ? Même chez les LGBTQIA+, il a dû y avoir une assemblée, un peu marrante, durant laquelle quelqu'un·e a levé la main pour demander si les présent·e·s étaient bien certain·e·s de n'avoir oublié personne. Et, sans doute, un ou une épuisé·e et un peu fainéant·e a dû dire : « Bon… ben on va mettre + comme ça, ils/elles pourront pas gueuler ! »

Plus sérieusement, reconnaissons le travail exceptionnel des LGBTQIA+ dans les dernières décennies. Dieu merci, la société a prodigieusement évolué sur la reconnaissance, l'acceptation et la lutte contre toute forme de discrimination.

Pour autant, aujourd'hui ne serait-il pas opportun de consolider les acquis en les entourant d'une extrême vigilance, tout en lâchant un peu de lest sur ce qui, actuellement, apparaît pour beaucoup comme excessif ?

Je ne suis pas sans ignorer que bien des personnes souffrent encore. Malheureusement la nature humaine est ainsi faite et il y aura toujours des indécrottables connards pour en vouloir aux pédés, aux youpins, aux ratons et aux négros. Mais, de ma petite expérience, le paravent de la souffrance ne me paraît pas une arme efficace.

Pour toucher le bon cœur de l'autre, faut-il déjà être sûr qu'il en a un.

*

Une histoire personnelle l'illustre bien.

À l'âge de 8 ans, mes parents, désireux de bien faire, m'avaient inscrit dans une école catholique située en banlieue parisienne. Parce que la classe publique dans laquelle j'étais depuis lors les alertait trop souvent sur mon indiscipline chronique. Mon père, juif libéral, avait épousé une Bretonne catholique. Et mes parents adorés avaient scellé entre eux un genre de pacte édictant l'absence de religion dans mon éducation : je choisirais plus tard, en mon âme et conscience, disaient-ils.

Si je connaissais un peu – sans plus – la religion de mon père, j'allais pouvoir en apprendre davantage, dans cette école, sur celle de ma mère.

Les cours de huitième étaient dispensés par un prêtre. Vraisemblablement briefé sur mes origines, il m'interdit dès le premier jour de me lever pour faire les deux prières quotidiennes, « Je vous salue Marie » et « Notre Père ».

Un traitement dont j'ai souffert en silence, n'osant pas en parler à mes parents de peur de leur faire de la peine.

Seul assis dans une classe de trente élèves debout à demander pardon, je ne comprenais pas pourquoi le père Grandjean m'affichait comme différent au reste de la classe, et ce sans aucune explication, ni à eux ni à moi. Une classe que je ne connaissais pas encore.

Seulement, quelques semaines ont suffi avant qu'il arrive ce qui devait arriver. À la récré, l'un des durs de la cour, qui se trouvait dans ma classe, s'est posté devant moi et, avec un sourire impossible à oublier, revu quelquefois par la suite sur d'autres visages en d'autres circonstances, m'a balancé : « Lellouche, t'es un sale juif ! »

Je n'avais que 8 ans, je n'avais jamais entendu un propos de ce genre auparavant, mais je sentis bien que ça ne sonnait pas comme un compliment. Alors j'ai frappé.

Puis j'ai gagné. Mais c'est moi qui suis allé me cacher pour pleurer.

Le soir venu, rentré à la maison, j'ai raconté l'épisode à mon père. Ignorant quelle serait sa réaction, j'appréhendais un peu. Lorsqu'il a entendu mon récit, il s'est figé, a pris ma main et m'a conduit au salon. Il m'a assis sur ses genoux et, lui qui n'était pourtant pas fin psychologue, trop occupé à être un homme, a eu ces mots qui mirent des années à révéler l'ampleur de leur sens : « Mon fils, tu es né avec ce "problème", et tu mourras avec ce problème. Plus tu vas grandir, plus il faudra que tu apprennes à l'aimer. »

En somme, aimer sa propre différence ne signifiera jamais la faire aimer ou accepter par le reste du monde. Ce serait une vaine mission. Quand on a une différence, il faut s'attendre au pire, seul moyen de ne pas être déçu.

Pour ce qui me concerne, j'ai appris à anticiper dans la cour en devenant le capitaine de l'équipe de foot, le type qu'on vient chercher pour se défendre, celui qui fait rire. Ce fut ma méthode pour ne plus y penser. Ce n'est pas forcément la meilleure, mais ce fut la mienne.

*

L'histoire de l'antisémitisme, qui dans le domaine des persécutions de minorités est celle que je connais le mieux, devrait être riche d'enseignements pour les autres victimes de racismes. Comment lutter contre ? Quatre-vingts ans après le pire massacre organisé de l'humanité, où tout a été dit et montré, il existe et ressurgit encore.

Il faut lutter contre, bien évidemment, mais aussi accepter qu'il existe, car il n'y a aucun vaccin efficace.

On ne se fait pas aimer à grand renfort de lois et de revendications. Et la revendication systématique me paraît contre-productive.

Quand c'est justifié c'est insupportable, quand c'est exagéré ça le devient aussi. La position victimaire n'amène rien de bon. Faire le deuil de la possibilité d'être aimé de tout le monde représente un pas immense vers la sérénité.

Nous-même, avons-nous le cœur assez grand pour y loger l'humanité dans son ensemble ?

Alors, le mieux étant l'ennemi du bien, les fondamentaux étant posés concernant les identités, tout en surveillant qu'il n'y ait pas de marche arrière malsaine, sachons revenir à la raison.

Monsieur Patate est un monsieur !

Est-ce un monsieur qui insulte les autres identités ? Est-ce que l'acceptation sans retenue de l'autre veut dire la négation de soi ? Est-ce qu'afficher qu'on est hétéro cisgenre est une tentative d'humiliation des autres genres ? D'ailleurs, nommer les genres est-il vraiment nécessaire ? Les catégoriser ne revient-il pas à les diviser, à les faire disparaître pour les confondre, à les flouter, à les noyer alors que les additionner est le vrai combat ? Quand l'autre sera vu avec son genre, sa religion et sa couleur, ce jour-là l'humanité aura vraiment gagné.

Se sentir bien, s'accepter tel qu'on est, avec son identité, ses forces et ses faiblesses, ne doit pas attendre les progrès de l'histoire. Bâtir la sienne, d'histoire, en dépit de tout et avec ce tout, me semble la voie royale vers le bonheur.

Dans le même temps, rien n'empêche de se moquer joyeusement, de ricaner de ceux qui brandissent de ridicules étendards, en se dépêchant de les ridiculiser eux pour éviter tout risque qu'ils éclaboussent de leurs pavés jetés dans la mare la vertueuse cause qu'ils défendent.

12

Adieu au baiser de *La Belle au bois dormant*

Notre faiblesse à lutter contre la connerie envahissante s'est illustrée de manière inattendue. Il faut dire qu'une attaque aussi surprise qu'éclair sur un sujet tel, personne n'aurait pu l'envisager. D'autant que la polémique a surgi comme une synthèse des dérives déliquescentes du *woke*, du féminisme exacerbé et de la *cancel culture* en folie. Le tout pour nous soumettre à un imbécile diktat. Un jour, des universitaires américains ont estimé que le baiser donné par le prince du conte de fées à la Belle au bois dormant afin de la réveiller de son sommeil éternel dispensé à coups de pomme empoisonnée était une agression sexuelle car non consenti. Polémique, débats, pour et contre, Disney qui s'effraie, le buzz devient mondial. Et bien des Français furent effarés. Mais comment le manifester ?

*

La brillante idée, américaine redisons-le, malgré ses gros sabots, a traversé sans encombre notre ligne Maginot en beurre tendre. Chez nous, à cause d'un effectif d'intellectuels et d'humoristes en sous-nombre, affaiblis par la propagande #metoo et #balancetonporc, sujets dont ils savent qu'on ne se relève pas si l'on les traite mal et qu'on se trouve alors estampillé « hostile » sur la poitrine, peu de réactions encolérées.

Pire, en hypocrites collabos de la bêtise, nous discutons du bien-fondé de la volonté de changer la fin du conte, car le baiser donné par le prince ne serait vraiment pas consenti par la jolie endormie.

Déjà, regarder *La Belle au bois dormant* et être choqué par la fin relève de l'exploit. Faudrait pas projeter *Délivrance*.

Ensuite, d'autres questions surgissent d'un tel délire. Vaudrait-il mieux la laisser crever dans la forêt humide ? Faudrait-il attendre gentiment la putréfaction, qu'elle se fasse bouffer de manière totalement écolo par les charognards et les vers, ce qui serait sans doute moins choquant pour les enfants, n'est-ce pas ? À choisir, ce serait une option meilleure et dans l'air du temps quand se faire sauver la vie par le baiser d'un mec riche et puissant relève du machisme le plus bas, c'est bien connu.

Filons la logique. Ne faudrait-il pas penser sérieusement à arrêter la pratique du bouche-à-bouche, qui sauve des vies, laquelle se fait sans accord de la victime ? Que foutent les associations d'anciens presque noyés et celles des rescapés d'une crise cardiaque ? Leur a-t-on demandé leur avis, à eux, à qui on a collé sur les lèvres celles d'un tiers inconnu ?

Soyons un peu plus responsables et protecteurs avec nos petits, aussi proposons une bonne fois pour toutes la suppression de toutes les histoires de princesses pour gagner du temps.

Parce que si nous nous penchons un peu sur le sujet, tous ces contes n'ont vraiment rien de moral. Entre Peau d'âne qui se sauve et se cache parce que son père rêve d'inceste, Cendrillon qui se fait harceler par ses méchantes demi-sœurs et son atroce marâtre, Blanche-Neige qui doit résister aux incessants assauts de Simplet qui réclame sans arrêt des bisous, il y a encore du pain sur la planche pour les pourfendeurs et des débats télévisuels du plus vif intérêt à tenir en urgence.

*

Et l'amour dans tout ça ? Ou, plus exactement, ont-ils oublié de rêver, ces censeurs de la candeur ? Un rêve habite toutes les petites filles et tous les petits garçons du monde, rêve qui persiste chez une grande partie des adultes de la planète : celui d'être attendu par quelqu'un qui vous aime ou vous aimera. Qui vous connaît déjà sans vous connaître encore. Un amour comme une promesse, celle de ne plus être seul, celle de regarder à deux dans la même direction. L'allégorie du baiser de *La Belle au bois dormant* est comprise depuis des décennies par tous les enfants du monde : ne pas être aimé signifie être à moitié mort, le jour où quelqu'un vous aime, vous voilà enfin prêt à vivre.

Confondre ce message, avec l'attitude déplacée et condamnable d'un prédateur, ou imaginer que le conte puisse être une invitation à ce type de comportement n'est pas digne. Et encore moins digne que nous y prêtions la moindre attention.

13

Supprimer les « mademoiselle » ?

Je sais, j'arrive après la bataille puisque c'est depuis 2012 que le terme s'est vu banni des administrations et des entreprises. Pour l'instant il peut encore être usité sans amende, ouf.

Quelle pitié que cette décision. Car « mademoiselle » est l'un des plus jolis mots de la langue française. Il se prononce comme on commence à réciter des vers. Il prend son temps. Il traduit une précaution qui respecte la jeunesse, la fraîcheur. Il est un tuteur de l'enfance qui protège la jeune femme d'être une « dame » ou une « madame », appellation certes respectueuse mais qui ressemble davantage à une prise en compte du temps passé qu'à une douce galanterie.

Entendre « mademoiselle », c'est romantique, c'est fredonner les chansons de Laurent Voulzy et d'Henri Salvador…

Vous le savez sans doute, mais se faire appeler « mademoiselle » est aussi l'un des privilèges des comédiennes, qui en auront l'honneur tout au long de leur existence quel que soit le statut de leur vie amoureuse.

De son plus jeune âge jusqu'à celui de grand-mère et après, une comédienne gagne le droit d'être une mademoiselle pour l'éternité, et franchement je trouve cela joli, touchant, précieux.

*

Pourtant, en 2012 donc, certaines et certains ont manipulé et bloqué le sens du mot. Les Chiennes de garde, à l'origine de l'affaire, ont en effet décrété que l'appellation constituait une intrusion dans la vie privée qui pouvait soit supposer une disponibilité sexuelle potentielle, soit être vexante puisqu'elle sous-entendait que ladite mademoiselle n'avait pas trouvé de mari. Et aussi qu'elle n'était franchement pas paritaire puisque cette précision n'était pas demandée aux hommes.

Voilà comment la meute a tué une délicatesse.

Dans sa chasse à courre au prédateur qui sommeille en chaque mâle, elles ont traqué l'un des termes fétiches du galant homme, celui utilisé par le boulanger quand il remercie avec délicatesse une petite fille venue acheter un pain au chocolat, lequel aujourd'hui ne doit plus gentiment lui dire « Au revoir, mademoiselle » mais « Au revoir, madame ».

Elles ont plombé les deux « L » des demoiselles, mot qui, au lieu de planer comme un libre compliment, s'est transformé en trophée empaillé, exhibé comme une victoire sur la nature sauvage de l'homme, qui, c'est bien connu, n'a d'autre inspiration poétique que sa bite.

Enfin, pour conclure sur ce triste sujet, il est fou de penser que des femmes puissent préférer l'appellation de « chiennes » à celle de « mademoiselle », terme qui, dans l'imaginaire masculin, et là j'en suis certain, ne fait absolument pas appel à la même partie du cerveau !

14

L'arbre mort
ou l'art d'en faire des tonnes

J'appartiens à la dernière génération qui a « fait l'armée ». Aussi quand j'entends de plus en plus de personnes vanter les vertus du service militaire disparu, imaginer qu'il faudrait peut-être le remettre au goût du jour pour apprendre les bases d'un civisme et d'un patriotisme en voie d'extinction aux jeunes générations, je m'interroge. Car si je n'ai pas vraiment d'avis sur le sujet, au moins je me souviens m'y être quand même bien emmerdé.

*

Dans mes souvenirs, à l'exception de ceux qui avaient intégré des commandos ou des corps d'élite, les appelés se transformaient, dans leur immense majorité (après leur mois de classes), davantage en hommes de ménage, coursiers et chauffeurs qu'en apprentis combattants. En tout cas, j'étais de ceux-là.

Cependant, je dois admettre que j'ai rencontré au service des types formidables, issus de régions, milieux et cultures différents que je n'aurais sans doute jamais croisés, et que j'ai adoré ça.

Mais ce qui m'a le plus marqué, c'est le comportement des hommes, entre eux bien sûr, ainsi que dans leur rapport à l'autorité.

Arrivée à la base de Villacoublay durant l'été 1990.

Nous patientons dans un bus, où chacun montrait, comme c'était la mode quand le service national était obligatoire, son dégoût d'être appelé sous les drapeaux à l'heure où la France entière se barrait en vacances. Nous nous sentions, à défaut d'être déjà copains, au moins unis sous la bannière de l'antimilitarisme light.

Cachant un peu notre fierté de passer l'uniforme le premier soir, on râlait contre les obligations, tout en se foutant de la gueule des types, à peine plus âgés que nous, qui nous hurlaient dessus en profitant de leur antériorité et de leurs petits grades de merde.

Et puis les jours ont commencé à passer. Et nous avons observé, en compagnie des irréductibles feignants avec qui, naturellement, j'étais pote, la docilité passive voire la complaisance zélée avec lesquelles certains camarades obéissaient au doigt et à l'œil. Je me souviens notamment du matin où nous devions réaliser le « test Cooper ». Un mec, qui n'avait rien à voir avec Gary et encore moins avec Lee, avait inventé un test sadique qui consistait à faire un maximum de tours de stade en douze minutes. Les militaires avaient amélioré le jeu en ordonnant de l'effectuer en treillis et rangers, avec le paquetage lourd sur le dos. Le but étant, bien sûr, de repérer les forces de la nature pour les affecter dans des bataillons de choc.

À ma connaissance, il n'y avait pas, ce matin-là, de troufions franchement intéressés par un changement d'unité ou par une carrière militaire. Malgré cela, des types couraient comme des enragés.

Quelques autres et moi, en revanche, marchions. Nous marchions même fort lentement, malgré les injonctions de nos supérieurs. En fait, du test on se branlait royalement, pis, il nous faisait marrer. Au fond de moi, la bêtise des coureurs me rendait dingue. N'y tenant plus, j'en ai donc chopé un, en freinant sa course folle pour l'interroger sur sa mystérieuse motivation :

— Paulo, pourquoi tu cours comme ça ? Tu sais que tu peux la glisser. T'as vu, t'es en eau et tu ne respires plus…

— Ben, on n'a pas le choix, ils nous ont donné l'ordre !

— Tu t'en fous ! Tu fais comme nous ! Tu dis que tu peux pas parce que t'es crevé. Qu'est-ce que t'en as à foutre ?

— Oui c'est ça ! Et après je vais me prendre une mauvaise note !

— Une mauvaise note ? Sur quoi ? Pourquoi ? Tu crois qu'en sortant de l'armée avec un zéro en test Cooper sur ton dossier militaire, tu ne trouveras jamais de boulot ?

Il m'a regardé, ahuri, et est reparti visiblement énervé des secondes perdues à parler avec moi.

J'ai compris, ce jour-là, que la volonté d'intégration à un groupe, et plus encore celle d'être apprécié par ceux qui le dirigent, peut rendre complètement con.

Une soumission assimilée par tous les dictateurs de l'histoire.

Ce jour-là, la meilleure façon de marcher, je crois bien que c'était la nôtre.

*

Ceux appelés les « fayots » depuis l'école primaire sont des vaniteux qui se trompent d'objectif.

De celui qui refuse qu'on jette un œil sur sa copie à l'école tout en le signalant à l'instituteur à celui qui, en entreprise, fait toujours en sorte d'être aimé dans une forme d'abnégation dégoulinante, en passant par le type qui obéit aux ordres sans se soucier de leur bien-fondé, jusqu'à l'autre qui suit béatement le groupe de peur d'en être distancié, il nous faut, à défaut de les aimer, au moins leur pardonner.

Car le plus astucieux d'entre eux sera un collaborateur fiable, qui devra toujours négocier avec ses renoncements devant le miroir.

Les moins adroits, eux, se perdront entre la méfiance des uns et le mépris des autres.

Il me semble que soit on est un leader qui fédère avec des idées et des actions sans se préoccuper de la moindre bénédiction des instances supérieures, soit on privilégie d'autres choses, sans envie démesurée de se voir remarqué, en se contentant d'être ce que l'on est, en maintenant le cap de ses propres convictions, en faisant en sorte de ne jamais exclure le doute.

Dans ces deux cas de figure, on est remarquable.

*

Nous conviendrons donc que, dans la sphère des élus du peuple, cet échantillon d'humains apparaît aussi. L'avantage, en la matière, c'est que les leaders et les fayots sont forcément plus faciles à repérer puisqu'on est 65 millions à les observer.

C'est ainsi que, parfois, poussés par le désir téméraire d'être en phase avec les idées du parti et, dans le même temps, de montrer aux cadres dirigeants qu'ils savent gérer les grandes idées, certaines et certains se risquent à l'art de la petite phrase. Dérive dans laquelle récemment une élue a versé, elle qui a décrété que : « L'aérien ne doit plus faire partie des rêves d'enfants. »

Censurer les rêves de gosses, fallait vraiment y penser ! De Jules Verne à Saint-Exupéry, toute une partie du ciel se fend la gueule depuis, et nous avec elle !

Puisque j'aborde le sujet du ciel, et presque en aparté du thème qui nous occupe, je me demande souvent si Dieu a de l'humour ? Puisqu'Il est supposé être l'Inventeur de toute chose, je pense que oui. J'espère en tout cas, car c'est ma seule chance d'éternité sereine.

*

Un autre doit l'espérer. Un individu que je pense être de la même sensibilité politique que la dame citée précédemment.

Celui-là, maire d'une grande cité française, a refusé, au moment de Noël, de décorer un sapin sur la place de l'hôtel de ville, parce que c'est : un « arbre mort ».

Que s'est-il passé chez ces deux-là quand ils étaient mômes ? Ils se sont fait taper leur quatre-heures dans la cour ? Parce que entre la révisionniste des rêves d'enfants et celui qui veut en finir avec le Père Noël, une envie de vouloir en découdre avec eux me titille.

Mais ne nous contentons pas du petit commentaire et poussons le raisonnement de ce monsieur en l'incitant à ne pas s'arrêter en si bon chemin et à aller jusqu'au bout de son programme et de son courage politique.

J'aimerais aussi l'entendre proposer la fermeture de tous les fleuristes qui se gavent (entre autres) à la fête des Mères en faisant de l'argent sale avec des fleurs en fin de vie. Ne serait-il pas temps, pour lui, de livrer bataille à Interflora et à sa politique génocidaire ?

15

Savoir être un « jean-foutre »

C'est ainsi, mes cher·e·s sœurs et frères, mes cher·e·s compatriotes, que me semble venu le temps de nous autoriser à rire de ces tentatives de putsch de la bêtise. Si les chaînes d'information en continu sont obligées, afin d'avoir du « contenu », de confondre le grave, le sérieux et le stupide, elles ne sont en rien responsables de notre propre confusion. À nous de trier le grain de l'ivraie, d'ouvrir les yeux plutôt que d'accuser sans cesse les médias d'être seuls responsables de l'expansion de ces billevesées – joli mot, non ? Les dogmatisés, qui cherchent à choquer notre conscience en inondant les réseaux sociaux de leur profession de foi, ne sont pas non plus les seuls fautifs. Aidons notre cerveau à respirer, en riant davantage quand l'on suppose – comme c'est souvent le cas – que la situation, la nouvelle lubie le mérite.

*

J'aurais pu consacrer un livre entier aux absurdités auxquelles nous avons prêté beaucoup trop d'attention ces derniers temps, mais là n'est pas l'essentiel de notre sujet.

J'aurais pu ajouter, par exemple, la vente aux enchères d'une statue invisible.

Car il y a quand même un type qui a réglé près de 15 000 euros à un peintre contemporain italien pour une œuvre intitulée *Io sono* (« Je suis »), œuvre qui n'existe que dans la tête de l'artiste, ce dernier ayant précisé que l'emplacement requis pour ladite pièce était de 1,50 × 1,50 mètre. La vache ! Ce type n'est pas un artiste mais un génie ! Je vais faire comme lui.

Je vais donc préparer un spectacle, genre une œuvre de Shakespeare de deux heures environ, hyper-drôle mais quand même un peu profonde, à l'affiche de laquelle Depardieu, Belmondo, Ava Gardner, Adjani, de Niro et Gabin seront. Je ferai payer 2 500 euros la place au théâtre de la Madeleine, où les gens resteront assis deux heures à regarder un truc qui n'existe que dans ma tête. Foutaise ? À vous de juger. Mais je suis sûr que, tout comme pour Salvatore Garau et sa statue, des mecs discuteraient sérieusement de la portée éminemment artistique de cette œuvre.

*

Sacha Guitry, toujours lui, a écrit : « Ceux qui prennent la vie trop au sérieux n'en sont pas dignes, à mon avis, car ils la dénaturent. »

Or voilà ce que nous faisons un peu davantage chaque jour : nous nous dénaturons.

Plutôt que de polluer notre esprit avec les milliers de débats – absurdes, abscons, hystériques, ridicules, grotesques, rayez les mentions inutiles ou ajoutez-en d'autres – qui nous empoisonnent l'existence, marronsnous des 90 % qui ne nous méritent pas, et concentrons-nous sur ceux dans lesquels nous aurons vraiment quelque chose d'intelligent à dire ou à apprendre. L'humain moderne devrait-il être un concentré de savoir universel ? A-t-il réellement besoin de se sentir concerné par les problèmes des autres, questions qui, parfois, souvent même, sont de faux problèmes ?

Les sujets dont on se fout – au sens de « rien à carrer » – ne manquent pas, alors pourquoi s'en farcir le cerveau, se tordre les neurones pour eux ? Retrouvons la douce illusion d'être des anarchistes de bac à sable.

Comme quand on plaquait sur les sacs en toile militaire qui, au collège et au lycée, avaient remplacé le cartable de l'école primaire, à l'aide d'un marqueur ou d'un badge trouvé chez le disquaire, le A dans un rond tellement « cool » de l'anarchie. Révolution de style et de pacotille mais esprit libre !

Ce symbole n'avait pas, à nos yeux, de portée politique, il traduisait juste que nous étions intéressés par la musique, les filles, les copains, les boums et les vacances, tandis que le reste, nous le portions par-dessus l'épaule, exactement comme ces sacs US. Des sacs qui contenaient pêle-mêle les choses indispensables à connaître selon les référents qui nous voulaient du bien.

Je souris encore en songeant que s'y trouvaient des cahiers écornés, des feuilles A4 dont les trous ronds et rectangulaires sur les bordures lâchaient en les faisant s'échapper d'un classeur rouge ou bleu turquoise, des livres de classe aux couvertures un peu sympas qui laissaient croire que l'intérieur l'était aussi et dont les pages de garde reproduisaient les noms (rayés) des anciens élèves qui les avaient possédés avant moi. Je me souviens du buvard orné d'une phrase écrite en rouge tirée d'une chanson gaie-triste et, au fin fond du sac, au milieu d'un cimetière de capuchons de Bic, de cartouches d'encre Stypen, à côté d'un double décimètre en plastique pété devenu tranchant, du carnet dit « de correspondance », celui que je préférais ne pas sortir.

Et pour cause, il était rempli de mes faits d'armes.

Tristement habitués aux réflexions sur mon indiscipline, mes parents avaient vu leur attention attirée par un prof, lorsqu'il écrivit sur ce document officiel qui exigeait la signature familiale : « Monsieur Lellouche sèche parfois le baby-foot pour venir en mathématiques. » La phrase était aussi drôle que géniale.

D'autres commentaires l'étaient moins. À côté des formules toutes faites et vieilles comme le monde – « Peut mieux faire » ou « Gêne la classe » –, une expression, un jour, a surgi et m'a marqué. Qui reste à ce jour ma préférée, à laquelle je voue un attachement digne du syndrome de Stockholm : « Jean-foutre ! »

Notez le point d'exclamation, sans lequel une perte sensible de sens surviendrait. Cet acte de ponctuation signifiait tout à la fois la colère, la lassitude et le caractère irrémédiable du comportement détecté, la voie sans issue prise par votre serviteur. Une volée de bois vert, une mise en garde, une sentence rien que dans un caractère.

Et pourtant… qu'il est délicieux et reposant d'être un « jean-foutre » tant qu'on en adopte l'attitude nonchalante, futile, quelque peu paresseuse plutôt que le sens du Larousse : « individu méprisable ou incapable ». Certes, se comporter ainsi face à quelqu'un qui voudrait tant vous intéresser à un sujet à ses yeux primordial et n'y parvient pas aurait de quoi l'irriter – je suis poli –, mais est-ce que la politesse doit aller jusqu'à l'hypocrisie ? Je ne le crois pas.

Signifier son apathie, gentiment ou non, en fonction de l'insistance de celui ou celle qui veut entraîner dans une discussion d'avance stérile, ne me semble pas contraire à l'intelligence. Est-ce si grave de décliner une invitation au débat ? Tout comme l'omniscient est rare, l'envie de l'être devrait être considérée comme immodeste et ridicule.

L'invitation à être un jean-foutre occasionnel, c'est en vérité inciter à se recentrer sur le fondamental. Et le nôtre, de fondamental, est souvent le même que celui de notre prochain. Ce n'est pas prôner l'anarchie, l'indifférence au malheur d'autrui ou un dilettantisme intellectuel que de pratiquer une sorte de je-m'en-foutisme chirurgical. Non, c'est juste un réflexe de santé mentale !

*

Au même titre qu'on se préoccupe d'un régime alimentaire pour ne pas créer les diverses maladies liées au surpoids, il faut surveiller la quantité d'informations ou d'idées qu'on ingurgite chaque jour. Pour éviter l'overdose de conneries, d'énervements qui créent angoisse et stress.

Je pense souvent à la phrase de Michel Audiard, génie des dialogues s'il en est, qui avait écrit : « Je parle pas aux cons, ça les instruit. » Le propos est très drôle, mais faux. Car si cela était possible, il y aurait des écoles spécialisées dans cette discipline et des bénévoles depuis bien longtemps ! Donc plutôt que d'espérer « éduquer » X ou Y selon ses propres vues – on est toujours le con d'un autre –, protégeons-nous d'eux et de leurs certitudes en ne gobant pas tout et tout le temps, en ne nous énervant pas de tout tout le temps, grâce à cette sorte de mise en retrait.

Le racisme anti-cons a de beaux jours devant lui. Parce qu'au même titre que nous naissons de couleurs ou de religions différentes, les cons naissent cons par unique décision de la nature. Et comme personne ne pense l'être et qu'en fréquenter n'est en rien une obligation – il n'y a, à ce jour, aucune association de défense –, pourquoi s'infliger de les lire ou les entendre sans cesse à la télé, à la radio, sur les réseaux ? Sachons prendre du recul et nous épargner cette douleur.

Vous avez constaté, comme moi, à quel point il est épuisant de parler avec un con. D'autant qu'on en vient à argumenter comme lui, en imbécile énervé. Résultat, il n'y a aucun bénéfice à cette joute sinon l'épuisement collectif et un agacement individuel. Donc, si on élimine déjà les débats à la con, imaginez le pas de géant vers la zénitude ! Même si on risque d'échapper à quelques échanges intéressants qui enrichissent – probabilité rare selon moi – lorsqu'ils se déroulent avec des gens intelligents d'avis différents – le con campe sur ses positions, n'écoute pas, s'en fout –, en arriver là est un acte de salubrité individuelle… et peut-être publique.

*

Faire comprendre avec humour – ma piste privilégiée – son indifférence sur tel ou tel sujet permet d'offrir des RTT au cerveau et, surtout, de revenir au droit fondamental d'être libre. Libre de penser ce qu'on veut, de ne pas penser aussi, libre de le dire ou de se taire (beaucoup devraient en prendre de la graine).

Faire en sorte d'être libre devrait être une priorité de tous les humains. Être en bonne santé, gagner de l'argent, etc., tout ce qu'on fait dans la vie est dicté par ce désir de liberté. Nous rêvons tous de pouvoir faire ce que nous avons envie de faire au moment où nous avons envie de le faire. La musique, la littérature, la poésie, le théâtre, la peinture, le cinéma et toutes les disciplines que nous mettons sous l'appellation noble de « culture » ou de celle, injuste, moins glorieuse, de « divertissement » sont, sans conteste, des récréations du cerveau.

Saisissons ces opportunités. Délassons nos neurones en lisant, en nous amusant, en ressentant des émotions – scènes, films, pages, airs… – plutôt qu'en étant submergés par le flot des réseaux, infos, propos non étayés. Savourons les œuvres qui aident à s'extraire des petits et grands emmerdements. Récupérons la liberté vitale, fondamentale aux émotions primaires.

*

Dans l'histoire de l'humanité, deux courants majoritaires se distinguent et se complètent, selon une forme plus ou moins harmonieuse en fonction des époques : les terriens et les célestes.

Pour résumer vulgairement, les terriens sont les sérieux. En gros, celles et ceux qui font avancer le genre humain : les scientifiques, les médecins, les politiques, les chercheurs, les hommes d'affaires, etc. Les célestes, eux, se préoccupent davantage d'essayer d'égayer la route.

Certains sont un peu les deux, et ils ont toute mon admiration.

Mais beaucoup ne sont ni les uns ni les autres, et on les entend trop. C'est contre ces personnes toujours péjoratives, rabaissantes, bas de plafond – elles peuvent pourtant être intelligentes, haut placées, etc. – que nous devons réapprendre à dire non.

Autant le oui est un mot magique, porteur d'optimisme, autant j'ai appris, avec l'âge, que le non, plus difficile à prononcer, s'avère souvent libératoire. Le bonheur vient à celui ou celle qui sait user de ces deux termes avec la même conviction.

Troisième partie

Retrouver le merveilleux

16

Le merveilleux qui nous entoure

Si on s'accorde sur le fait que le bonheur est une pause entre deux emmerdements, si on s'efforce de laisser de côté les soucis, tracas et stress non obligatoires, la vie apparaît sous un autre jour. Car il suffit de lever la tête, de regarder de gauche à droite, pour se rendre compte que le merveilleux nous entoure. Prendre conscience à quel point l'existence est belle, merveilleuse, combien le bien-être se trouve à notre portée si nous savons le voir, vaut libération. Déciller ses yeux, c'est ouvrir les portes de l'âme et du cœur, portes derrière lesquelles se trouve le bonheur ou, à défaut, son parfum.

Devenir les artistes de notre propre quotidien, voilà l'espoir. Regarder, écouter sont à portée de tout un chacun.

*

Toute l'œuvre du photographe Robert Doisneau, c'est d'avoir vu. D'avoir su tourner la tête pour saisir l'instant magique que les centaines de personnes présentes aux mêmes moment et endroit n'ont pas perçu. Des passants sans doute trop occupés, comme nous, à gérer le temps, tête baissée pour ne pas être en retard au boulot, à un entretien, à la crèche, à l'école, au rendez-vous prévu avec la banque, le coiffeur, alors que le merveilleux, lui, faisait comme tous les jours ses miracles dans une quasi-indifférence.

Le Baiser a fait le tour du monde, Doisneau l'a vu. À notre place. À nous de savoir choper et savourer ces instants fugaces, fugitifs, si beaux qu'ils font énormément de bien. À nous de saisir le vrai.

*

Nous nous émouvons dans les salles de cinéma, devant des reconstitutions de la vie, faisons-le aussi dans la rue, les villes, les campagnes, partout. Si je déteste entendre dire « C'est du cinéma » ou « On n'est pas au cinéma », si les cinéastes ne font qu'imprimer des « best of » de moments forts, comprenons que Dieu – ou la vie – a bien plus d'imagination. Partout dans le monde, chaque minute apporte des raisons de se voir émerveillé par le magnifique, le beau, le drôle, le tendre, le touchant.

Se mettre à le traquer revient à comprendre que le paradis existe ici et maintenant. Et ce merveilleux, on le voit même – avec des gros titres qui forcent l'attention – sur les réseaux sociaux d'ordinaire utilisés comme des déversoirs à haine. C'est l'image d'un village africain qui sauve un éléphanteau de l'enlisement et de la noyade ; c'est un coucher de soleil aux reflets rouges sur tout ce qui nous entoure ; c'est la vue et le bruit des vagues ; c'est l'arc-en-ciel repéré en voiture pour que les enfants s'émerveillent, postés ici ou là ; c'est ce qui nous surprend en nous faisant rêver comme ceux, positifs, qui les ont photographiés et diffusés ; ce sont les étoiles dans un ciel d'été… Dieu merci, nous n'y échappons pas.

Mais sachez qu'on se sent tellement mieux quand on a l'impression d'avoir bénéficié d'une exclusivité, d'un scoop du merveilleux, quand on l'a savouré en vrai et pas seulement par écran interposé. Alors, surtout, ne baissez pas les yeux et ne croisez pas les bras. Sentir que le cœur se réveille est orgasmique.

*

Je me souviens d'un type, voisin de chambrée, rencontré aux premiers jours de notre incorporation à l'armée, et dont j'ai oublié le nom. J'espère qu'il me le pardonnera s'il lit ces lignes, car, à part cela, je me souviens de tout.

Chauffeur routier comme son père, il était grand et gros, le visage illuminé d'un sourire à la gentillesse contagieuse. Ce type était réellement, naturellement, sincèrement heureux.

Il me parlait de ses voyages en camion à travers l'Europe, de la beauté des paysages qu'il parcourait, des conversations et partages à la CB avec son père, qui le suivait dans un autre poids lourd. De sa fiancée. Il aimait tout ce qu'il faisait et prenait sa présence sous les drapeaux avec philosophie alors qu'il n'avait qu'une hâte : retrouver au plus vite son paternel, son bahut et sa Bretagne.

Le premier week-end du service, pour d'obscures raisons administratives, repartir chez nous avait été interdit. Alors, en simulacre de week-end, l'armée nous avait expédiés en car au Bourget, où des avions de guerre étaient exposés, visite réservée aux militaires. Je crois que j'aurais préféré aller visiter le musée de la Monnaie de Paris (je vous jure qu'il y a des gens qui y vont), mais pas le choix.

Cela faisait une semaine seulement que nous portions l'uniforme et les cheveux courts, que notre entourage se résumait à des bidasses et des bâtiments militaires, mais, une fois les barrières d'enceinte franchies, tous nous avons eu l'impression de redécouvrir le monde. Que c'est beau d'avoir 20 ans !

Naturellement, le nez collé à la vitre du bus, dès que l'un de nous apercevait une jeune femme en tenue estivale sur la route, nous cherchions – sans la moindre chance de succès – à attirer son attention. En criant derrière les vitres épaisses, en lançant des SOS de nos bras levés : que c'est con d'avoir 20 ans !

Assis à côté de mon pote, soudain je l'entends siffler d'admiration. Je me tords le cou pour voir quelle fille il a aperçue, quand il me montre un camion à double remorque qui transporte des centaines de ballots de paille. Et je l'entends, franchement épaté, dire :

— Ça, c'est du chargement !

Ce jour-là, je compris son merveilleux à lui. Et lui n'allait pas tarder à me montrer le mien.

Quelques jours plus tard, dans la chambrée, une bataille d'eau fait rage. J'en suis clairement l'initiateur. Alertés par les rires et les cris, nos supérieurs arrivent et découvrent 5 centimètres de flotte sur le sol.

Interrogés sur la provenance du liquide, nous sommes deux ou trois à inventer un scénario de fuite qui nous inquiète au plus haut point.

Évidemment après une rapide inspection des espaces environnants, les gradés, comme je le redoutais, demandent le nom du ou des responsables de l'infamie avérée. Personne ne moufte. La tension monte. Très rapidement, toutes les chambrées de l'étage se retrouvent au garde-à-vous le long du grand couloir. Toujours rien. Alors qu'ils ont raison de penser que tout le monde sait que je suis à l'origine du tsunami. Cette résistance, pour eux exaspérante, me tire vers le haut. Pourquoi ?

Parce que le courage étant contagieux, admiratif de la noblesse de tous les jeunes hommes de mon contingent, qui ne mouftent pas ni ne me dénoncent, je suis au bord de me rendre. Héros d'un film de guerre intitulé *La Bataille de l'eau*, avec Philippe Lellouche en *guest star*, héros qui meurt à la fin, je suis ému. Et prudent : j'attends encore un peu.

Le major prend alors la parole en veillant bien à appuyer quelques regards dans ma direction :

— Si le responsable ne fait pas un pas en avant pour se désigner, c'est tout le contingent qui restera là ce week-end et nettoiera la base.

Ça murmure dans les rangs, mais personne ne bouge ni ne parle.

Au moment où je m'apprête à faire le pas, mon copain routier le fait à ma place, raide comme un I, la tête haute, en regardant droit devant lui. Il n'y est pour rien, n'a même pas participé à la bataille reprochée, qu'importe. Je vois dans son regard qu'il n'attend ni admiration de ma part ou de celle des autres, ni un quelconque remerciement ou un « à charge de revanche », non, il a juste mis tout son poids pour me protéger moi. Il ne veut pas que je me fasse engueuler et que j'écope d'une quelconque corvée. Il me connaît à peine, mais ça lui suffit pour vouloir me protéger. Ce jour-là, sa grâce m'a touché. J'ai vu le meilleur qui sommeille en chaque homme. Et je vous jure qu'à 55 ans, aujourd'hui, j'en frissonne encore !

Pour la petite histoire, j'ai moi aussi avancé d'un pas : pas question que ce copain prenne à ma place. Mieux, dans un splendide élan, l'ensemble du contingent a fait un pas vers l'avant.

Nos supérieurs, qui n'en revenaient pas, ont été obligés d'abandonner leur promesse de sanction.

Mais surtout, je suis sûr que le contingent de l'armée de l'air présent en juin 1990 à Villacoublay se souvient comme moi de ce jour où un type formidable nous a montré la meilleure façon de marcher : celle qui consiste à mettre un pied devant l'autre avec honneur et entraide.

17

Le merveilleux que nous connaissons

Le merveilleux, parfois fort discret, nous accompagne tout au long de la vie.

Nos enfants nous en gavent dès le premier âge, peut-être comme un remerciement de les avoir fait naître en ce monde. Je pense, parmi mille autres, à une phrase de ma fille Sharlie, qui lorsqu'elle avait 4 ans à peine, est venue me réveiller un matin d'été en disant :

— Papa, tu peux me mettre mon maillot de bain ? Je déteste avoir les fesses pieds nus.

Pardon pour le poncif, mais un des nids du merveilleux ne se trouve-t-il pas dans les sentiments, qui font et sont la beauté de l'existence ? L'amour, l'amitié. Je ne suis pas sûr que nous pensions assez souvent, dans la journée, aux « Je t'aime » qui nous étaient destinés ou que nous avons prononcés. Y a-t-il plus merveilleux que d'aimer et d'être aimé ? même d'avoir été aimé… ?

C'est pourquoi il est possible d'aller puiser, chaque jour, le bonheur à la source du merveilleux.

*

Personnellement j'en ai fait un réflexe.

Notamment durant ces jours qui, dans un intempestif désir d'originalité, décident d'être franchement antipathiques et de contrarier, autrement dit, les fameuses vingt-quatre heures qu'on appelle les « journées de merde ». Je ne doute pas qu'il faille apprendre à les apprécier, parce qu'elles sont les seules capables de nous aider à prendre conscience du bonheur vécu la veille ou à venir demain, mais comme la patience est une vertu qui m'a copieusement ignoré depuis toujours, j'essaie encore de casser la gueule à une « mauvaise » journée. Et, à défaut d'en sortir toujours gagnant, j'arrive fréquemment à calmer les tirs en rafale des emmerdements dont elle est accompagnée.

Quand on a le nez dedans, on oublie de remettre l'emmerdement à sa vraie place, celle d'une nuisance en fait éphémère.

Car l'emmerdement est un moustique.

Un moustique de toutes les saisons, certes, mais juste un moustique. C'est-à-dire qu'il ne sert qu'à faire chier, obsède dès que nous l'entendons arriver avec sa musique insupportable. On a beau concevoir qu'on n'a que peu de risques de mourir de sa piqûre, l'idée même que celle-ci va nous gratter, pile là où c'est difficile d'accès, rend dingue. Oui, savoir qu'au bout du compte il va nous niquer parce qu'il n'est jamais entre nos mains qui claquent alors qu'on aurait juré qu'il voletait à 3 centimètres de notre oreille droite met de mauvaise humeur.

Mais, au fond, pourquoi offrir au moustique la satisfaction de nous rendre malheureux ? Est-ce si grave, important ? Eh bien, certains petits emmerdements sont du même acabit : agaçants mais, au final, insignifiants. Sans conséquences réelles. Pareil, guère plus douloureux qu'une pichenette de ce misérable culicidé.

Alors, aux petits emmerdements qui nous plongent dans le noir pour nous attaquer en mentant sur leur taille et qui font croire à l'acharnement d'un faux malheur, opposons notre armée de petits bonheurs.

*

Un message, un viatique à la portée de tout un chacun je crois. Il suffit d'interroger notre disque dur interne pour en extraire l'album photo des meilleurs souvenirs, de consulter l'annuaire de notre garde rapprochée pour parler avec elle, de déclencher la lecture de la playlist de la bande originale de sa vie pour relativiser.

Aller quérir le réconfort de la voix d'un ou d'une amie, prendre de ses nouvelles, se souvenir d'un endroit où on se sent protégé et s'y projeter, écouter une musique qui nous énergise ou, au contraire, nous fout un cafard qu'on adore, les plaisirs régénérants et rassurants sont partout.

« La mélancolie, c'est le bonheur d'être triste », écrivait Victor Hugo, définition dont je suis fou. Toute ma vie j'ai eu besoin de me plonger dans cet état pour me sentir émotionnellement vivant.

Déjà, à 7 ans, j'allais m'enfermer dans les toilettes de la maison, le soir du Nouvel An, pour respectueusement dire adieu et merci à l'année qui s'apprêtait à tirer sa révérence et à entrer dans le catalogue de l'INA.

À 15 ans, j'écoutais Eagles et leur « Hotel California » en fumant mes premières cigarettes et en pensant que je ne pourrais jamais aimer une autre fille que Sandrine Deltour.

À 29 ans, je m'arrêtais devant l'affiche du *Roi Lion* en me réjouissant de la naissance prochaine de celui qui allait être mon premier roi : mon fils Sam… Tout en me lamentant, aussi, de la fin – illusoire – de mon inconséquence jusqu'alors coutumière.

Et, aujourd'hui encore, il m'arrive d'opposer à une fausse tristesse liée à un emmerdement une autre fausse tristesse. Que je vais chiner dans le répertoire de mes mélancolies pour en tirer le bonheur de penser que j'ai vécu du bon, du beau, du bien, du fort, qui vaut davantage que la petite emmerde sans panache du jour dont je ne me souviens déjà plus.

*

Je n'aime pas ceux qui méprisent la nostalgie. Comme si plonger dans son passé était une tare.

Souvent ces hautains du goût d'antan la comparent à une forme d'enlisement, alors qu'il s'agit, au contraire, du réservoir à protéines de l'espoir, d'une gourde d'avenir. Se foutre de son passé pour ne penser qu'au futur, c'est, à mon sens, entamer un livre à la page 50 : on va peut-être comprendre la fin, mais est-ce qu'on aura saisi l'histoire ?

C'est ainsi que je conseille d'aller y chercher, chaque jour, une dose de merveilleux, celui que nous avons connu en premier en attendant d'en croiser un autre qui nous émerveillera encore, quand nous penserons ne pas en avoir besoin.

Ainsi, j'ai rencontré mon copain Lionel quand j'avais 4 ans. Lorsqu'il m'appelle, ce jour-là, tout va bien. Nous parlons de ce que nous devenons, de nous petits, de nos enfants, de nos parents respectifs – qu'on voyait vieux quand ils n'avaient pas encore nos âges –, échangeons souvenirs, projets. Nous nous disons que nous nous manquons, ne nous avouons pas que nous nous aimerons toute notre vie, déclaration induite dans chaque propos échangé. Loin de moi, il vit en

Auvergne, pourtant il sera toujours mon voisin comme quand on était gosses. Nous possédons encore, lui et moi, le carnet du « club secret » inventé autrefois. On a raccroché.

Tout va mieux.

*

Il fait beau ce matin, météo plus qu'inhabituelle en Écosse. Dans le minivan qui nous conduit vers un décor naturel où nous allons tourner une séquence de l'émission « Top Gear France », il y a un jeune chauffeur local, rouquin comme on n'en trouve que dans ces contrées, mes potes Tone et Bruce, qui animent l'émission avec moi, et mon amie Delphine. Il est tôt. Encore endormis, nous ne parlons pas encore. Je branche mon téléphone sur le tableau de bord parce que, comme souvent, j'ai oublié de le recharger durant la nuit. De sa propre initiative, celui-ci se met à jouer l'un des morceaux de ma playlist : « Livin'It Up », de Bill LaBounty. Soudainement, un concentré de ce qui s'est fait de mieux dans le registre West-Coast des années 1980 résonne dans l'habitacle. Au moment même où nous arrivons en surplomb d'un lac majestueux. Émerveillés, chacun admire ce paysage de dingue avec, à l'ouest, un énorme et unique nuage gris. Au milieu du ciel parfaitement azuré, il semble monter la garde, chef d'orchestre des changements de couleur de l'eau.

C'est sublime.

Le chauffeur commence à entonner le refrain de la chanson, et un à un, nous le suivons jusqu'à chanter à tue-tête, comme des Indiens qui rendraient un hommage aux dieux de la Nature. Delphine danse les yeux presque mi-clos, je la regarde, on se sourit.

Je sais que, toute ma vie, je reverrai ce magnifique pays qu'est l'Écosse par le prisme du sourire de Delphine. Ce matin-là, tout s'est accordé pour nous faire prendre conscience que le merveilleux a la main sur toute chose et que le bonheur se rappellera régulièrement à notre bon souvenir.

*

Tous les jours, la voix de ma mère au téléphone.

*

Un matin dans Paris. Paris, la Ville lumière d'autrefois devenue grise et sale depuis quelques années, à la suite de son mariage forcé à un éternel novembre.

Depuis ses noces arrangées par une intendante, et la horde de domestiques de celle-ci qui l'utilisent pour servir des ambitions mégalomanes de postérité, la capitale sombre dans une lente dépression nerveuse, entraînant avec elle la majeure partie de ses milliers d'amants d'antan.

Toujours se méfier des gens qui prétendent vouloir votre bien.

Je suis en train de maudire le trou géant qui bloque l'accès à une artère. Un trou, encore. Des cyclistes, motards, automobilistes et passagers de bus bloqués, toujours. Pour couronner le tout, un flash infos déprimant. Il est 8 heures en France.

Mon regard se tourne vers le trottoir. Je découvre un homme dans un sac de couchage, visiblement éprouvé par une nuit qui a dû être glaciale. Il a le regard d'un type qui n'a plus de force. À sa gauche apparaît une femme qui tient un petit garçon par la main. Huit ou 9 ans, pas plus. Quand ils arrivent au niveau de l'homme invisible, l'enfant retient la dame par la main afin de freiner sa marche. Celle qui doit être la nounou, non la mère, le regarde pour demander la raison de cet arrêt tandis que lui observe l'homme à moitié couché qui grelotte. Je ne crois pas qu'ils ont échangé un mot, le garçon et l'adulte mal en point, n'ayant pas vu leurs lèvres bouger. Mais, soudain, le petit a tendu son bras vers l'inconnu, comme au ralenti, et a caressé sa tête avec une infinie tendresse.

Le monsieur a souri.

La nounou a alors tiré l'enfant vers elle pour qu'ils repartent vers l'école.

Je l'ai comprise. Entre la peur, le devoir d'être à l'heure lié à sa fonction et la résignation que nous avons tous face aux malheurs du monde, elle n'a pas réalisé qu'elle tenait la main d'un merveilleux bonhomme qui ne pourra devenir qu'un grand homme. Le petit s'est retourné pour regarder quelques mètres encore le monsieur, qui le regardait aussi.

Une leçon.

Le merveilleux qui se glisse dans l'atroce, une matérialisation de l'espoir.

18

Le merveilleux que nous devinons

Il y a plus de dix ans maintenant, j'ai perdu mon père. Tous ceux passés par là connaissent la douleur que ce deuil engendre. Le mien est mort dans mes bras un mercredi midi, et je ne sais toujours pas comment j'ai eu le courage de fermer ses yeux en lui faisant le *Chéma Israël*, encore moins celui de monter sur scène quelques heures plus tard pour jouer une comédie et faire rire le public. Durant cette représentation-là, j'ai regardé le siège qu'il occupait quelques mois auparavant lorsqu'il était venu voir la première de la pièce. Si là un fauteuil était occupé par un autre que je ne connaissais pas, c'est mon père que j'ai vu assis, et c'est pour lui que j'ai joué. Quelques jours après, mon cousin Charles a livré une formule magique quand il m'a vu accablé de douleur :

— Tu as naturellement le droit d'être triste, mais tu n'as pas celui d'être malheureux.

Combien il avait raison ! Les gens qui nous sont les plus chers et qui disparaissent souhaitent-ils nous voir en peine le restant de notre vie ? Évidemment non, alors nous devons prendre la tristesse en face-à-face, la boire jusqu'à la lie, mais aussi comprendre que ce serait une erreur que d'oublier de vivre et donc d'être heureux, tant il s'agit du seul vœu de ceux qui nous aiment et s'en vont.

*

D'ailleurs, s'en vont-ils vraiment ? Ne sont-ils pas juste dans la pièce d'à côté ? Pour ceux qui croient, apparaît là une évidence qui devrait les défaire non de la tristesse, mais du potentiel malheur de la perte du proche. Savoir, selon sa foi, qu'un « Adieu » prend tout son sens, et que, dans l'intervalle, le lien n'est pas rompu, constitue l'un des basiques de toutes les croyances.

Les gens qu'on aime continuent de nous accompagner, de nous voir, peut-être même de nous aider.

Mais, pour cela, encore faut-il ne pas cesser de leur parler, de prier aussi. J'ai conscience d'adopter soudain le ton d'un bénédictin – vous me le pardonnerez j'espère –, mais dans la recherche du bonheur, qui doit être l'obsession de notre vie, je crois aux vertus incommensurables du dialogue avec nos défunts. Ne se niche aucun risque de renoncement à ce à quoi l'on croit, ni même à ce à quoi on ne croit pas dans la tentation et la tentative de communication avec les disparus. De manière totalement immodeste, je pense même qu'il n'existe pas de lieu privilégié pour cet échange.

Si les églises, les temples, les synagogues ou les mosquées ressemblent à des voies d'accès rapides conçues à ces fins, je pense que, quel que soit le chemin emprunté, les paroles seront entendues.

Et si, chez un non-croyant, la démarche apparaît inutile, voire ridicule, ce serait ignorer les bienfaits et les vertus du besoin d'exulter, de partager, de pleurer parfois, sans pudeur, sans crainte d'être jugé. Peut-être les mots resteront-ils lettre morte, mais le soulagement de les avoir prononcés et lancés vers quelqu'un qu'on aime peut largement suffire à nous rendre heureux.

« Croire en ses rêves » est un mantra tellement martelé, de nos jours, qu'il est tombé entre les mains de publicitaires, conviction et bienfait dont ils se servent pour nous vendre des baskets qui finiront leurs jours à la campagne dans un placard puant l'humidité. Mais qu'est-ce qu'un rêve sans la prière qui l'accompagne ?

Le rêve seul est un mirage, la prière son unique chance de le concrétiser. On prie inconsciemment chaque jour pour forcer le destin. Pour ne pas être en retard, pour qu'il y ait une place de parking, pour une victoire de l'équipe de foot, et mille autres conneries, mais dès qu'il s'agit de prier vraiment il me semble qu'on se pose d'inutiles questions.

*

Peu après le décès de mon père, j'ai voulu réaliser un film sur lui, et plus largement sur la vie de mes parents, l'été, en Bretagne. J'ai eu la chance de tourner *Nos plus belles vacances* dans la région où est née ma mère, et dans les lieux mêmes où nous passions les congés estivaux. Et c'est l'un des plus beaux souvenirs de ma vie. L'équipe de tournage m'a aidé, ce mois-là, à repeindre Lanhélin (un petit village d'Ille-et-Vilaine) aux couleurs de mon enfance.

Dès le troisième jour, je dois mettre en boîte la scène de fin du film où mon père (joué par moi) dit au revoir aux membres de sa famille, ainsi qu'à quelques paysans, granitiers et autres habitants avec lesquels il a sympathisé. Pour ce faire, devant la maison de vacances reconstituée, j'ai aligné les acteurs qui interprètent ces chers disparus. Au moment de lancer l'action, je prends conscience que toutes les personnes représentées dans cette scène sont mortes depuis de nombreuses années. Une pensée aussi belle qu'absurde m'envahit tout entier : avoir une seconde chance de dire au revoir à tous ceux que j'adorais et que je n'ai pas pu saluer parce que trop loin, trop pris, parce que je ne l'ai su que trop tard.

Alors, après avoir dit « Moteur ! », un à un, comme écrit dans le script, je les ai pris dans mes bras et leur ai vraiment dit au revoir. J'ai embrassé chaque acteur en pleurant à chaudes larmes, gardant pour moi mon petit secret : m'adresser aux magnifiques qui ont forgé mes souvenirs d'enfance.

Nous n'avons fait qu'une prise.

Je suis sûr, aujourd'hui encore, que, ce jour-là, mes disparus étaient alignés derrière les acteurs. Et même si ce n'est pas vrai, au moins ai-je pu leur montrer à quel point je les aimais. Et ça m'a rendu incroyablement heureux.

*

Nous avons tous en nous un merveilleux illusoire. De jolies petites superstitions.

La 2CV verte qu'on croisait, enfant, et qui présageait une journée heureuse. La boulette de papier qui atteint la corbeille visée. La marche qu'on réussit à faire sur une allée, sans toucher les traits de séparation des dalles. Le message qu'on a l'impression d'avoir reçu de l'au-delà parce qu'on a croisé une biche en voiture à la campagne le jour où, plus tôt, un signe de quelque chose ou quelqu'un nous était nécessaire.

Ces petits succès, cette unicité ressentie ou inventée nous sont indispensables. Des éclats de merveilleux qui scintillent dans nos cœurs, n'appartiennent qu'à nous, nous font ressentir même une sorte d'invincibilité contre les turpitudes : celle d'être heureux.

Quatrième (petite) partie… comme un épilogue

Le bonheur communicatif

19

La bonne humeur

Au même titre qu'un type qui éternue en fait éternuer sept autres (paraît-il), les énergies se transmettent.

J'en prends pour exemple l'attraction des amoureux.

*

Vous l'avez vécu ce moment hors du temps où, au bras de l'élu(e) de votre cœur, vous marchez dans une ville. Peu importe le pays, la région où celle-ci se situe, car, ce soir-là, elle est la plus belle du monde.

Vous êtes amoureux. Chaque vitrine qui brille semble scintiller pour mieux éclairer celui ou celle que vous aimez. Chaque terrasse paraît vous inviter à venir vous asseoir. Vous voudriez retenir toutes les musiques qui s'échappent des fenêtres des appartements pour vous les remémorer plus tard. Surtout, chaque personne qui vous approche vous sourit. Et vous ignorez pourquoi.

C'est à la limite du compréhensible. Ces gens qui ne vous connaissent pas, et qui d'ordinaire vous ignorent quand vous en croisez de semblables, semblent vous caresser de leurs sourires. Alors vous vous demandez si le monde n'aurait pas changé pendant que vous déclariez votre flamme au restaurant ! Dites-moi que vous avez connu ce moment ? Et si ce n'est pas encore le cas, je vous souhaite de le connaître. Car il se trouve que, oui, ce soir-là, c'est vous et vous seul qui avez changé le monde. Parce que votre amour déborde, les passants le reçoivent. Ne me demandez pas pourquoi, j'en sais foutre rien, mais ça se passe ainsi.

*

Certes on ne déborde pas d'amour tous les jours, et cet état de grâce commun ne dure pas.

Comment faire, alors, pour revivre un peu du bonheur de cet instant-là ? En diffusant du positif.

Mais pour le diffuser, encore faut-il l'être. Dans ce cas, tout est tellement plus simple. Les choses comme les gens deviennent tellement plus faciles à envisager lorsqu'on les regarde à cette aune.

La bonne humeur étant plus facile à adopter sur le long terme que l'amour, il y a mille recettes pour faire en sorte qu'elle se transforme en seconde nature et irradie vos journées.

Tiens, un exemple : chanter, commencer votre journée en chantant sous la douche est pas mal – surtout parce qu'on a l'impression de bien chanter grâce à la caisse de résonance. Chantonnez ensuite, dans votre tête ou à haute voix en voiture, fredonnez, murmurez en rythme ou en tonitruant, la libération et la joie ressenties sont indéniables.

20

La régression

« On n'arrête pas de jouer parce qu'on vieillit, on vieillit parce qu'on arrête de jouer », professait George Bernard Shaw.

Personnellement, j'ai une affection particulière pour la régression. Faire des blagues d'enfant ou des « farces de fous », comme disait ma grand-mère, j'adore. Rire à gorge déployée est, de loin, ce que je préfère dans la vie. Je place même ce bonheur au-dessus de tout.

Je devrais avoir honte, mais, il n'y a pas si longtemps, avec la bande de copains qui vient souvent chez moi l'été, dans le Sud, tous accompagnés d'enfants, on aime les trucs un peu cons, un peu gamins. La preuve, le 15 août, en remontant à pied de la plage où nous avons vu le feu d'artifice, l'un de nous s'est amusé à sonner à une porte inconnue, nous obligeant à partir en courant. Évidemment, les enfants ont trouvé ça très drôle ; le problème, c'est que, moi, j'avais presque oublié à quel point ça l'était, en effet.

Ce qui fait que nous avons appuyé sur les boutons de toutes les sonnettes vues sur notre chemin. J'avais peur de me faire attraper par les habitants que nous dérangions, comme quand j'avais 10 ans.

*

Le désir de rire, de se moquer gentiment, est un facteur commun à tous mes amis. Et je sens, à mon âge, que la chanson de Brassens « Les copains d'abord » résonne bien davantage comme un conseil de vie que comme une ritournelle pour feux de camp scouts.

Comme cette autre fois, il y a quelques années, où, de nuit, nous avions pendu à ses arbres tous les nains de jardin du voisin grincheux de la maison normande d'un pote. On regrette juste, aujourd'hui encore, de ne pas avoir été témoins de l'expression que son visage a arborée quand il s'est réveillé le lendemain matin !

Si nous avons le devoir d'être sérieux dans notre quotidien, oublier de jouer, de redevenir enfant, seul, à deux ou à beaucoup plus, est une grave erreur. La joie, le rire sont les meilleurs ambassadeurs du bonheur.

21

Transmettre

Regarder grandir ses enfants, les accompagner malgré le sentiment de se voir vieillir à chacun de leurs anniversaires ou premières fois est un bonheur évident. Moi qui ai un peu raté les premières années de mes fils aînés, Sam et Solal, pour aller faire tourner des ballons sur mon nez et chercher à m'accomplir, je sais que beaucoup de ces bonheurs, bien plus pérennes que les autres, m'ont échappé. Aujourd'hui, certainement comme un papa qui a vieilli, je voudrais, évidemment, ne plus rien rater de ce qui les concerne.

Comme on se souvient toute sa vie des conseils de son père – jusqu'à la façon dont il les a prononcés –, il y a un bonheur évident à se sentir utile. À transmettre à notre tour ce qu'on nous a transmis ou ce que, seul, on a appris. Pour ma part, j'adore partager

– quand on me le demande – mon petit savoir sur mon métier lors de master class dans des écoles d'acteurs tant il y a du bonheur à se dire que, peut-être, on a aidé.

En ce qui concerne mes enfants, le seul conseil que je leur martèle depuis qu'ils sont en âge de comprendre – ce sera bientôt le cas de Maddie, ma petite dernière princesse –, le seul qui mérite vraiment d'être compris et auquel, du plus profond de mon cœur, j'adorerais qu'ils m'associent, c'est celui-là : « N'oublie pas d'être heureux. »

Remerciements

À mes amis de et pour toujours : Pascal, Fabrice, Marco, Gérard, Laurent, Hadrien, Éric, Ben, Michel, Lionel, Franck, David, Christian.

À mes amies de et pour toujours : Delphine, Bénédicte, Tatiana, Cécile, Margaretta, Laura, Nadia, Sandrine.

À mes chers disparus : Mamie Madeleine, Ma Marion, tonton François, tonton Daniel, Jacques, Alain…

À Hadri, pour nos nuits d'écriture.

À Thierry, mon éditeur, pour sa confiance et ses encouragements.

À tous ceux que je croise et qui me sourient…

Table

DEUXIÈME PARTIE

Le je-m'en-foutisme chirurgical et le ricanement

TROISIÈME PARTIE

Retrouver le merveilleux

QUATRIÈME (PETITE) PARTIE…
COMME UN ÉPILOGUE

Le bonheur communicatif

Ce livre existe grâce au travail de toute une équipe.

Communication : Caroline Babulle, Sandrine Perrier-Replein, Typhaine Maison, Adélaïde Yvert.

Coordination éditoriale et administrative : Céline Poiteaux, Martine Rivierre.

Studio : Pascaline Bressan, Barbara Cassouto-Lhenry, Joël Renaudat.

Fabrication : Muriel Le Ménez, Céline Ducournau, Bernadette Cristini, Phousa Chantharath, Isabelle Goulhot, Émilie Lapan (Canada).

Correction : Emmanuelle Coppeaux, Valérie Gautheron.

Commercial, relation libraires et marketing : Laetitia Beauvillain, Alexandra Profizi, Élise Iwasinta, Morgane Rissel, Aurélie Scart, Clément Vekeman.

Cessions de droits : Isabelle Votier, Benita Edzard, Lucile Besse, Sonia Guerreiro.

Gestion : Sophie Veisseyre, Chloé Hocquet, Isabelle Déxès, Camille Douin.

Services auteurs : Viviane Ouadenni, Jean-François Rechtman, Catherine Reimbold.

Ressources humaines : Mylène Bourreau.

Juridique : Laëtitia Doré, Anaïs Rebouh, Valérie Robe, Jean-Benoît Vassogne, Julia Crosnier.

Diffusion : Aurélia Spalacci (directrice des ventes), Nadine Eugénie, Céline Pitt, Arnaud Weill, Hervé Adamczyk, Annie Bourgade, Éric Charpentier, Gilles Couillard, Sandrine Ducrocq, Élisabeth Ehlinger, Guillaume Loras, Jean-Philippe Pilloux, Philippe Maulnier, Gilles Torché, Élisabeth Gastaldo, Jean-Pierre Stephany (Belgique), Olivier Béguin (Suisse), Jean Bouchard et Marie-Ève Provost (Canada), Emmanuelle Cadot, Virginie Godet et Caroline Pan.

Ainsi qu'à toutes les équipes d'Interforum et d'Editis qui participent à la création, la diffusion et la distribution de ce livre.

Canoros Vehit Canentes

pca
cmb
edition pré-presse
livres numériques

44400 Rezé

Imprimé en France par CPI
en septembre 2021

MIXTE
Papier issu de
sources responsables
FSC® C003309

L'éditeur de cet ouvrage s'engage dans une démarche
de certification FSC® qui contribue à la préservation
des forêts pour les générations futures.

Pour en savoir plus :
www.editis.com/engagement-rse/

N° d'édition : 62486/01
N° d'impression : 166037